《杭州市萧山区第一次全国可移动文物普查成果》丛书编辑委员会

顾　　问：何　波　黄晓燕

主　　任：吴文斌　董茶仙

副 主 任：吕小松　任张标

编　　委：毛晓江　王晓勇　金志鹃　施加农　杨国梅　崔太金
　　　　　张学惠　毛剑勇　陈　伟

总　　编：施加农

《杭州市萧山区第一次全国可移动文物普查成果·书法卷》

主　　编：蔡敏芳　杨国梅

编撰人员：（以姓氏笔画为序）

　　　　　王兴海　方　勇　孔飞燕　任芳琴　吕美巧　孙　璐
　　　　　杨国梅　张学惠　严晓卓　芦芳芳　金志鹃　孟佳恩
　　　　　施加农　贺少俊　崔太金　谢红英　傅辰琪　蔡敏芳

杭州市萧山区第一次全国可移动文物普查成果

书法卷

杭州市萧山区第一次全国可移动文物普查办公室 编

文物出版社

图书在版编目（CIP）数据

杭州市萧山区第一次全国可移动文物普查成果．书法
卷/杭州市萧山区第一次全国可移动文物普查办公室编．
—— 北京：文物出版社，2016.12
ISBN 978-7-5010-4863-2

Ⅰ．①杭… Ⅱ．①杭… Ⅲ．①文物－萧山区－图录②
汉字－法书－作品集－中国－古代 Ⅳ．①K872.554.2

中国版本图书馆CIP数据核字(2016)第301985号

杭州市萧山区第一次全国可移动文物普查成果·书法卷

编　　　者：杭州市萧山区第一次全国可移动文物普查办公室

责任编辑：王　媛
责任校对：李　薇
责任印制：张道奇

出版发行：文物出版社
社　　　址：北京市东直门内北小街2号楼
邮　　　编：100007
网　　　址：http://www.wenwu.com
邮　　　箱：web@wenwu.com
经　　　销：新华书店
制版印刷：北京图文天地制版印刷有限公司
开　　　本：889×1194　1/16
印　　　张：7.5
版　　　次：2016年12月第1版
印　　　次：2016年12月第1次印刷
书　　　号：ISBN 978-7-5010-4863-2
定　　　价：148.00元

总　序

　　人类在上万年的文明进程中，以特有的聪明才智与不断探索的精神改造了世界，创造了辉煌的文明，留下了浩如烟海的文化遗产。这些文化遗产有物质的，也有非物质的。物质的文化遗产也就是人们通常所说的"文物"，有不可移动的，还有可移动的。在"物"的前面加上一个"文"字，表明此"物"是人类文明的产物，以别于自然生成的"物"。

　　我们的先祖在文明初创时期，将自然生成的树木、玉石、矿藏、泥土等物质进行加工、制作，改变其本有的属性，成为具有文化属性的木器、石器、骨角器等生产工具和生活用具。尤其是在长期使用火的过程中，发现松软的泥土经烈火的洗礼会变得非常坚硬，于是利用这种特性发明了陶器。陶器的制作不同于其他质地物品的加工，它是泥土在产生了质变后最终成的一种器皿，是人类文明初期认识世界、改造的世界的伟大创造。陶器的出现，为人们储存粮食作物提供了容器，为炊煮熟食带来了便利，在人类文明史上具有划时代的意义。

　　当下的我们无法想象，史前时期的人们是如何与自然抗争、与灾难抗争的，为了求得生存、获得食物又是如何与野兽搏斗的。在生产力极其原始的境况下，人类却还能不断发展，不仅创造了极为丰富的物质文化，还创造了繁花似锦的精神文化。人口的繁衍，物产的积累，文化的创造，为人类社会进入崭新的历史时期奠定了不可或缺的基础。试想，没有史前先民们在艰难环境下的生息繁衍和了不起的创造，何来后世伟大的中华文明？何来现在的强大国家？这一切的一切，哪一点不值得我们颂扬，哪一点不值得我们珍惜，哪一点不值得我们呵护？

　　地处中国东南一隅的萧山位于浙江东北部，北滨钱塘江与杭州市隔江相望，南接历史文化名城绍兴。萧山隶属杭州市，这个区县级城市却有着8000年的文明史。跨湖桥文化遗址的发现与发掘，展现出萧山远古时期的辉煌。萧山是中国瓷器的源头之一，从浦阳江流域的进化到永兴河流域的戴村，自春秋至南朝，上千年窑火绵绵不断，焙烧出古朴青翠的陶瓷器。句践、西施、范蠡等在这片土地上留下了不朽的印迹。固陵城、航坞山、商周聚落遗址、土墩墓如满天星辰，浓郁的越文化洒遍萧然大地，谱写出庄严的越地圣歌。萧山自古还是南北通衢的繁华之地，世界遗产大运河横贯东西，漕运、商贸，百舸争流。建县 2000 多年来，萧山孕育出无数志士仁人，唐代诗人贺知章的《回乡偶书》咏遍华夏大地；杨时围湘湖，张夏筑海塘，造福后世，千秋传颂；民族英雄葛云飞奋力抗击英夷侵略军，为国捐躯；"萧山相国"朱凤标力主抗击英法联军，为清廷少有之主战派，铁骨铮铮，映照世人；"海上四任"开创了近现代崭新的画风，影响深远。

文物是文化的载体，是历史信息的再现。当数千年前的遗物穿越时空展现在我们眼前时，或感慨，或震撼。通过文物与古人隔空对话，爱乡、爱国之情油然而生。这就是文物的魅力，这就是文化的力量。

文物是不可再生的，在天灾人祸不断侵害下，先人千万年来遗留的印迹正在飞速消失，保护好我们珍贵的文化遗产已是刻不容缓。2013 年，第一次全国可移动文物普查在萧山同步展开。虽无浩大的声势，但我们的普查队员们却有着保护文物的坚定信念和脚踏实地的作风，克服了人员少，被普查方不理解、不配合，系统外收藏单位无专业力量等重重困难，实现了普查范围 100％的目标。以萧山博物馆为骨干，区文广新局文物科抽调力量所组成的普查队，在保质按时完成萧山博物馆文物藏品普查任务的前提下，深入每个系统外收藏单位，直接进行藏品的认定、图片拍摄、信息采集、文字登录等工作，从而保质保量，圆满完成了普查的各项任务。普查实现了摸清家底，掌握萧山各国有单位文物收藏情况的目的。有利于准确掌握和科学评价萧山文物资源情况和价值，建立文物登录备案机制，健全文物保护体系，加大保护力度，扩大保护范围，保障文物安全。有利于进一步保障文物资源整合利用，丰富公共文化服务内容，有效发挥文物在国民经济和社会发展总体布局中的积极作用，为促进文化强区建设奠定良好的基础。

普查共登录文物藏品 4282 件（套），其中一级文物 25 件（套）、二级文物 131 件（套）、三级文物 1390 件（套），约占总数的 40％。在这些文物中，又以陶瓷器和书画数量最多。

陶瓷器共 1503 件（套），涵盖远古时期的跨湖桥文化各类陶器，商周时期的印纹硬陶与原始青瓷，两汉时期的印纹硬陶与早期青瓷，三国两晋南朝越窑、瓯窑、德清窑、湘阴窑青瓷器，隋唐宋元越窑与龙泉窑青瓷器、景德镇窑青白瓷，明清景德镇窑青花、粉彩等瓷器，时代连贯，窑口众多，品种丰富，仿佛是一部简编的中国古陶瓷发展史。尤其突出的是商周至六朝时期的陶瓷器，种类繁多，精品迭出，反映了萧山厚重的早期陶瓷文化，是萧山作为中国瓷器发源地之一的重要物证。精美的印纹硬陶与早期青瓷器是萧山博物馆的特色藏品，绝无仅有的西晋越窑青瓷人物俑是萧山博物馆的镇馆之宝。

萧山曾有"丹青之乡"之称。跨湖桥遗址的彩陶器翻开了萧山美术史的灿烂篇章。南宋大书家张即之名震海内外，为始建于南朝的古刹觉苑寺书写"江寺"二字，匾于山门。元代书画大家赵孟頫亲笔为萧山县学重建大成殿碑记挥毫，鲜于枢的小楷书于碑阴，二大家合书一碑，可谓珠联璧合，以至于该碑被奉为"江南第一碑"。近代史上的"海上画派"更是开启了中国绘画史崭新的风气，萧山任伯年是"海派画坛"中的巨擘，更是一代画家中的领军者。在普查登录的 1485 件书画文物中，有 900 多件属于国家三级以上珍贵文物。其中不乏文徵明、章声、王树毂、俞龄、诸昇等明至清初书画名家的作品，更多的是汤金钊、葛云飞、朱凤标等萧山历史名人的佳作遗墨，以及任熊、任薰、任预、丁文蔚、胡术、朱文钧、朱家济等萧山本土书画名家和虚谷、蒲华、赵之谦、吴昌硕等"海派"书画家的作品，还有"南社"社员诸多墨宝和"西泠八家"的力作。可谓名家云集，精彩纷呈。

在为数不多的金属类器皿中，出土于湘湖压湖山的五方新莽时期"大泉五十"叠铸铜母范，是新莽时期货币制度的重要物证，十分珍贵；东汉吴越人物纹铜镜刻划了吴王夫差、越王句践、范蠡、伍子胥、越女等几组人物，生动再现了人物的性格特征；出土于河庄蜀山的良渚文化玉璧是当时良渚文化跨过钱塘江的重要线索，给考古学家提供了新的启示。

让普查队员感到欣慰的是，除萧山博物馆以外，区内另有 8 家国有单位收藏有可移动文物，藏品共 482 件，数量虽不算多，但具有一定的时代特征和地方特色，尤其是民国以来的家具、书籍和生活用品等较为重要。这些系统外国有单位的收藏品，不仅填补了国有博物馆的一些空白，更反映了系统外国有单位对文物和文化遗产保护利用的重视。

把普查的成果及时回报给社会是我们普查者的心愿，因此在普查各项任务完成后即将普查成果汇编成书公开出版，以飨读者。

是为序。

施加农

前　言

　　书法是中华民族特有的艺术形式，是中华民族的宝贵财富，也是世界文化瑰宝。汉字的结构和造型具有独特的美的内质，由此产生了书写的艺术，也因此诞生了许多大书法家。书法不仅仅是汉字的书写艺术，也是书法家学养、品性和境界的综合表达，更凝聚了我国数千年的文明积淀和民族审美意识。

　　萧山区通过四年的普查工作摸清了全区文物的"家底"，取得了丰硕的成果。为及时展示普查成果，区普查办决定将普查成果精选分类汇编出版。

　　通过第一次全国可移动文物普查，萧山区共登录书法绘画 1485 件，占文物登录总数的 34.68％。本书收录书法精品 98 件，年代从明、清至民国时期，形式有扇面、册页、对联、轴、屏条等，包括来宗道、刘墉、梁同书、汤金钊、包世臣、林则徐、朱凤标、何绍基、翁同龢等官宦书画名家的作品，赵之谦、蒲华、张熊、吴昌硕、高邕、王禔等"海上画派"名家的作品，还有杨岘、俞樾、陆润庠等国学大家的遗墨。

　　清乾隆时位极人臣的刘墉，是东阁大学士刘统勋之子，官至吏部尚书、体仁阁大学士。擅书法，被称为"浓墨宰相"，与翁方纲、王文治、梁同书并称为"清四大书家"。其书法师古而不泥古，能匠心独运，有所创造。本书所收录的七言行书联"水能淡性为吾友，竹解虚心是我师"，系刘墉晚年之作，字体貌丰骨劲，味厚神藏。与刘墉齐名的梁同书，钱塘（今浙江杭州）人，乾隆十七年（1752）特赐进士，官至翰林侍讲。工诗擅书，书法出入颜、柳、苏、米、董数家，尤擅以羊毫作大字，负盛名于时。本书所收录的七言行书联"诗诠丽藻金壶墨，史覆神遂玉洞书"，结字端严稳妥，行笔流畅，平和自然，从容洒脱。

　　清代活跃于杭州的"西泠八家"，以篆刻艺术蜚声艺林，在书画创作上也成就斐然，其中书法成就最高的当属陈鸿寿。陈鸿寿，钱塘（今浙江杭州）人，曾任江苏溧阳知县、江南海防同知，诗文、金石、书画无所不精，书法以隶书和行书最为著名。本书收录的《行书八条屏》，结体生动，行笔收放自如，一气呵成，尽得气韵。

　　清代中晚期，随着金石考据之学兴起，中国书法史上碑学大兴，帖学渐微。

包世臣是碑学的积极倡导者和实践者，他师承邓石如，初学唐宋，后致力于北碑，与阮元、康有为同倡碑学，所著《艺舟双楫》为中国书法理论重要著作。本书收录的《七言行书联》体势伸展，姿态飘逸，又不失沉着。何绍基是清晚期碑学大师，真草隶篆行，无所不工，取法甚广，熔碑帖于一炉，行草尤为一代之冠。其七言行书联"春风有形在流水，古贤寄迹于斯文"，用笔飞动跳跃，跌宕腾跃，线条粗细相间，极其笔法变化之能事。

"海派先驱"赵之谦是清代著名的书画家、篆刻家，他一生在诗、书、画、印上进行了不懈的努力，终成为一代开宗立派的大师。他是清代碑学书家中的佼佼者，其"北魏书"在清代书苑中可谓灿烂夺目。本书收录的七言篆书联"高人自与山有素，老可能为竹写真"，笔力健劲，使转自如，将北碑书法融于篆书之中，独具一格。

本书还收录了"清末海派四杰"中蒲华、吴昌硕的书法作品。蒲华是极具个性的书法家，在清末碑学大行其道之时，他在继承帖学的基础上参以碑法，同时保留了自己飘逸潇洒的特色，形成独特的书体风貌。本书收录的《八言行书联》作于1879年，为其中年作品，结体宽博亦不失柔美，用笔顿挫有力，潇洒流畅。蒲华与小其12岁的吴昌硕关系密切，两人相知相交40年，志趣相近，亦师亦友。吴昌硕是"后海派"的代表，其书法与绘画、篆刻一样，在继承中创新，逐渐形成自己的流派。尤其是他的石鼓文书法，开创了中国书法的新境界，也奠定了他坚实的笔墨基础。书中收录其《七言石鼓联》，用笔圆劲，古朴秀雅。

晚清国学大师俞樾，是著名的文学家、教育家、书法家，他在经学、诸子学、史学、训诂学，乃至戏曲、诗词、小说、书法等方面都有所研究，可谓博大精深。他的书法工篆、隶，尤以隶书为最。其隶书以《张迁碑》、《衡方碑》和《三老碑》为根基，用笔朴实稳健，不刻意修饰。本书收录的《隶书四条屏》，用笔圆中寓方，凝练丰腴，显现出平正通达、醇古朴茂的整体效果。

本书还收录了沈曾植、于右任、谭延闿、王震、李叔同等不少近现代名家的作品。李叔同是著名音乐家、美术教育家、书法家、戏剧活动家，出家后法名演音，号弘一，被人尊称为弘一法师。本书收录一封他写给弘济的信札，署"演音，末伏末日"，为入空门后所书。此帖笔意如同诵经，疾徐有致，持重而又清朗，浸透着"禅意"。

此次普查登录的书法作品中，除了艺术性，有些还具有很高的史料研究价值，如《翁同龢信札册》。翁同龢，江苏常熟人，咸丰六年（1856）状元，同治、光绪两代帝师，官至工部尚书、军机大臣，以书法闻名于世，被誉为"同光间书家第一"。《翁同龢信札册》是其被革职后闲居故里常熟时写给当地太守的书信，这些书信内容在现有史料中均未见载录刊发。

普查过程中，区普查办也特别关注萧山本地名人留下的遗作。本书收录了来宗道、汤金钊、朱凤标、丁文蔚、沈定一等萧山名人的书法作品。来宗道，萧山长河人（今杭州滨江区长河街道），为长河来氏五房十四世祖，明朝人，历官光禄大夫、少傅兼太子太傅、户部尚书、礼部尚书、文渊阁大学士，七次进阶，显赫一时。本书收录其《行书扇面》一件。汤金钊，萧山城厢镇人，清嘉庆四年（1799）进士，道光十五年（1835）官至吏部尚书，工诗文书法，书法颜真卿，中年临褚、赵，尤能秀润沉稳而有丰神。本书收录的《范鲁公〈戒子诗〉行书手卷》笔画凝练，拙朴老健。朱凤标，萧山城东朱家坛村人，经道光、咸丰、同治三朝，历任五部尚书，时称"萧山相国"。本书收录其两副对联。

希望通过此次普查成果的展示，可以进一步宣传可移动文物普查的重要意义，扩大可移动文物普查的影响，提高公众的文物保护意识，也为萧山区打响文化品牌、提升文化品位增加底气，为文化强区的建设创造有利的条件。

目
录

1	明　文徵明　行书扇面	二	
2	明　来宗道　行书扇面	二	
3	明　洪承畯　草书轴	三	
4	清　汤斌　隶书册	四	
5	清　贡震　行书册	八	
6	清　施柳泉　行书诗札册	九	
7	清　张敬　行书册	一〇	
8	清　王养寿　《碧山草堂记》楷书册	一四	
9	清　翁同龢　信札册	一五	
10	清　沈成烈　《进学解》泥金小楷册	一六	
11	清　张若霭　行书扇面	一七	
12	清　张坚　行书扇面	一七	
13	清　汪洵　行书团扇面	一八	
14	清　江清骥　行草团扇面	一九	
15	清　倭仁　楷书洒金扇面	二〇	
16	清　李文田　楷书扇面	二〇	
17	清　陆润庠　行书扇面	二一	
18	清　吴谷祥　行书扇面	二二	
19	清　甘文煊　仿米芾《淡墨秋山诗帖》行书轴	二三	
20	清　罗源汉　行书轴	二四	
21	清　梁同书　七言行书联	二五	
22	清　刘墉　七言行书联	二六	
23	清　姚鼐　七言行书联	二七	
24	清　陈鸿寿　行书八条屏	二八	
25	清　汤金钊　范鲁公《戒子诗》行书手卷	三〇	
26	清　齐彦槐　行书横披	三二	
27	清　包世臣　七言行书联	三四	
28	清　林则徐　七言行书联	三五	
29	清　姚元之　六言隶书联	三六	
30	清　郭尚先　七言行书联	三七	
31	清　张祥河　七言行书联	三八	
32	清　朱凤标　七言行书联	三九	
33	清　朱凤标　七言行书联	四〇	
34	清　何绍基　七言行书联	四一	
35	清　张熊　八言隶书联	四二	
36	清　姚燮　七言行书联	四三	
37	清　蒋予检　行书轴	四四	
38	清　杨沂孙　七言行书联	四五	
39	清　杨岘　隶书轴	四六	
40	清　程恭寿　七言行书联	四七	
41	清　俞樾　隶书四条屏	四八	
42	清　胡澍　七言篆书联	四九	
43	清　丁文蔚　隶书轴	五〇	
44	清　陈璚　八言行书联	五一	
45	清　赵之谦　七言篆书联	五二	
46	清　张鸣珂　七言行书联	五三	
47	清　李慈铭　七言行书联	五四	
48	清　吴大澂　七言篆书联	五五	
49	清　蒲华　八言行书联	五六	
50	清　陆润庠　七言行书联	五七	

51	清	陶方琦	《湘中之赋》行书	
			四条屏	五八
52	清	潘振镛	七言行书联	五九
53	清	陆恢	行楷字卷	六〇
54	清	朱孝臧	七言行书联	六二
55	清	翁同龢	七言行书联	六三
56	清	樊增祥	七言行书联	六四
57	清	伊立勋	七言隶书联	六五
58	清	郑朝鉴	草书轴	六六
59	清	陆成栋	八言行书联	六七
60	清	周易藻	八言行书联	六八
61	近代	钱振煌	行书斗方	六九
62	近代	朝林	题画诗笺册	七〇
63	近代	张启后	行书扇面	七二
64	近代	郑孝胥	行书扇面	七二
65	近代	黄太玄	七体书扇面	七三
66	近代	褚德彝	篆书扇面	七三
67	近代	金兆蕃	行书扇面	七四
68	近代	王禔	篆书扇面	七五
69	近代	王禔	九言篆书联	七六
70	近代	周承德	五言行书联	七七
71	近代	高邕	行书四条屏	七八
72	近代	谭泽闿	行书轴	八〇
73	近代	于右任	行书轴	八一
74	近代	杨千里	草书轴	八二
75	近代	马衡	行楷轴	八三
76	近代	曾熙	行书轴	八四
77	近代	童大年	八言篆书联	八四
78	近代	吴郁生	七言行书联	八六
79	近代	吴昌硕	七言石鼓联	八七
80	近代	陈宝琛	七言行书联	八八
81	近代	沈曾植	七言行书联	八九
82	近代	张謇	七言行书联	九〇
83	近代	王震	临苏东坡诗行书轴	九一
84	近代	宝熙	七言行书联	九二
85	近代	张伯英	七言行书联	九三
86	近代	溥侗	七言行书联	九四
87	近代	赵叔孺	七言行书联	九五
88	近代	胡朴安	行书横披	九六
89	近代	谭延闿	七言行书联	九六
90	近代	弘一	书札	九八
91	近代	余绍宋	朱子诗行书轴	九九
92	近代	沈定一	草书轴	一〇〇
93	近代	毛拱辰	八言行书联	一〇一
94	现代	马一浮	草书扇面	一〇二
95	现代	胡士莹	行书扇面	一〇二
96	现代	马绳武	行书扇面	一〇三
97	现代	沈尹默	行书斗方	一〇四
98	现代	马公愚	篆书轴	一〇五

青山冷雀傳湏君作史才誰知

君復悲宿草晨星漸稀少

更有何人慰寂寥瞳半菴漸主香

禪老嗟我蹉跎病身桃花潭

冰昂汪倫今朝重問茶磨嶺黃

葉西風哭故人呵嗟乎丈夫燕得

封候伯老死牖下何足偕世人那

书法

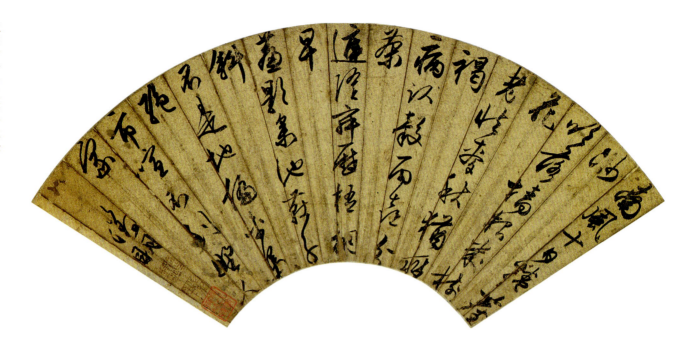

1. 明　文徵明　行书扇面

纸本　纵 17.5、横 48.3 厘米

文徵明（1470～1559），初名壁，字徵明，后更字徵仲，号停云，别号衡山居士，人称文衡山，长洲（今江苏苏州）人。"吴门画派"创始人之一，是明代中期最著名的画家、大书法家。与唐伯虎、祝枝山、徐祯卿并称"江南四大才子"（也称"吴门四才子"），与沈周、唐伯虎、仇英合称"明四家"。在当世他的名气极大，号称"文笔遍天下"。

2. 明　来宗道　行书扇面

泥金纸本　纵 16.9、横 50.2 厘米

来宗道（生卒年不详），浙江萧山人。万历三十二年（1604）进士，累官太子太保，礼部尚书。与杨景辰等编《三朝要典》。

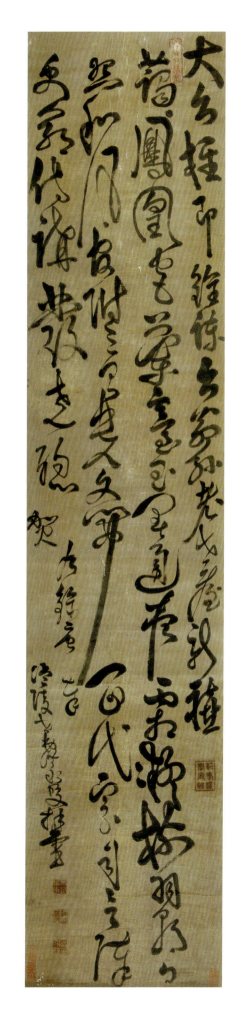

3. 明　洪承畯　草书轴

绫本　纵 191、横 40.8 厘米

洪承畯（生卒年不详），字彦灏，自号紫山农人。洪承畴三弟。明末清初
泉州著名的书法家。

隶书册（一至四）

4. 清 汤斌 隶书册

纸本 纵 23、横 15 厘米

汤斌（1627～1687），字孔伯，别号荆岘，晚号潜庵，河南睢州人。顺治九年（1652）进士，历任国史院检讨、潼关道副使、江西岭北道参政，为清初理学名臣。擅画山水，工笔、写意均擅长，笔墨清丽健劲，一丝不苟。

初歊後未柑綠橘半
甜時人生必樂漠天
賦莫遣兒孏肥次知
到處聚觀香案吏必
魁凮著正坐傴江雲

得數詩裡語不滿冊
路轉山腰未足移水
清石礮便猷奇白雲
百占東菌嶺明夕誰
乡山丁沈黑否黃深

沴沸曾遊登夢中欣
祭雞尢識薪豐吏民
驚怪怪望何事父老
攜迎必翁蘇武盡知
還漠北菅寧首談老

漠漠桂箏濕祿雨儵
儵荔子然間道黃柑
常抵鵑容窘未橘變
論錢恰茲祌武來弘
景傴向羅浮覓稚川

殊路一止當日兼人
迷臨賀至今有廟祀
潮州興關西望七千
里兼來眞暴正局游
亡丰來徙我幕何堪又

遼東嶺南萬戶皆春
色會育總人客寓古
暫著癭與冠不到頭都
隨北南蔛躱休平生
不作鬼三窟今古何

試曹溪一勺甘梦裡
似曾還海外
覺到江南波外生醉中濯足
鳴空渊霧繞迟雞忍驚
翠歔詭遠幽難忍驚

怨羊島等雨落翠迟
甘山靈阜鬱相望林
陳臺微漏日光望遷
晚蠻迟蠻華占城早
稻詠移祑迢逆澗三

隨人急荕荛嚴等撲
馬香晚眼儘窮竽
逺白雲浚霧昊吾干里
武行日夾向江漢
葉蘆竽穧興長平淮楓

忽送天逺近青山久
興船低昂棹壽末州巳
白石塔短棹軟望見黃
菲岡波平咸軟望
到故人入立煙蒼茲

窅芙平生焦口临老
來事業轕菜唐長江
逺郭知奂美好竹
山覺筍香逐客不妨
賈外置訕人例作三

曹艷只懃兼補絲亳
軍尚費官家壁酒囊
香凶辰士留還跌詠
兰禪帶貪故家空天
連珠吟霙陸已匕飞

夫驚蛇林浚埜桂寒
兼子雨泡山蕙病肩
學卯十七丰眞一梦
天涯深落淚橫鳥斜
門外山於馬丈驚階

巖最盦我光行風筝
誤人長春花雲夕長
臨不夾城未許牛羊
傷至潔旦看穩龝美
新晴變潰擔敝留僧

榻待聽攗薈濂竹聲
石耳峰頭路接天梵
晉坐下月臨泉此生
知飲靈山三仳曰徒
參雲寶禪建裏寶書

猶未此梦中飛盦巳
先使何人更識祕中
散埜窟昂藏未足仙

甲寅秋分後二日過果溪書作
李少白家 撝吳沒者湯武

隶书册（十七至二十）

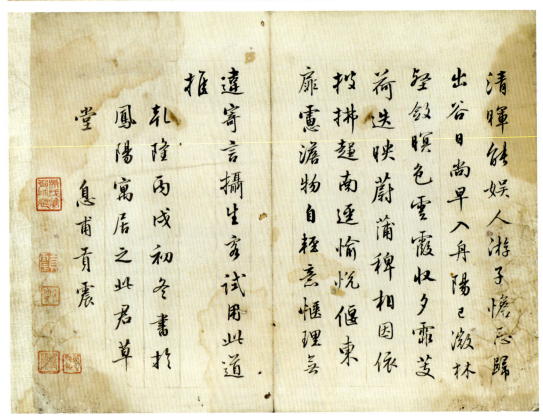

故淵開荒南野際　鳥戀舊林池魚思

守拙歸園田方宅十

餘畝草屋八九閒榆

陶淵明歸園田居

少無適俗韻性本

愛邱山誤落塵綱

中一去三十年羈

清暉能娛人游子憺忘歸

出谷日尚早入舟陽已激林

壑斂暝色雲霞收夕霏芰

荷迭暎蔚蒲稗相因依

披拂趨南逕愉悅偃東

扉慮澹物自輕意愜理

無違

寄言攝生客試用此道

推

乾隆丙戌初冬書於

鳳陽寓居之此君草

堂　息甫貢震

5. 清　貢震　行书册

纸本　纵 27.7、横 18.8 厘米

贡震（1704～1775），字文阗，晚号息甫、息堂，江苏江阴人。乾

隆六年（1741）拔贡，历任安徽凤阳知县，寿州知州等。能文，著

述甚富，擅书法。

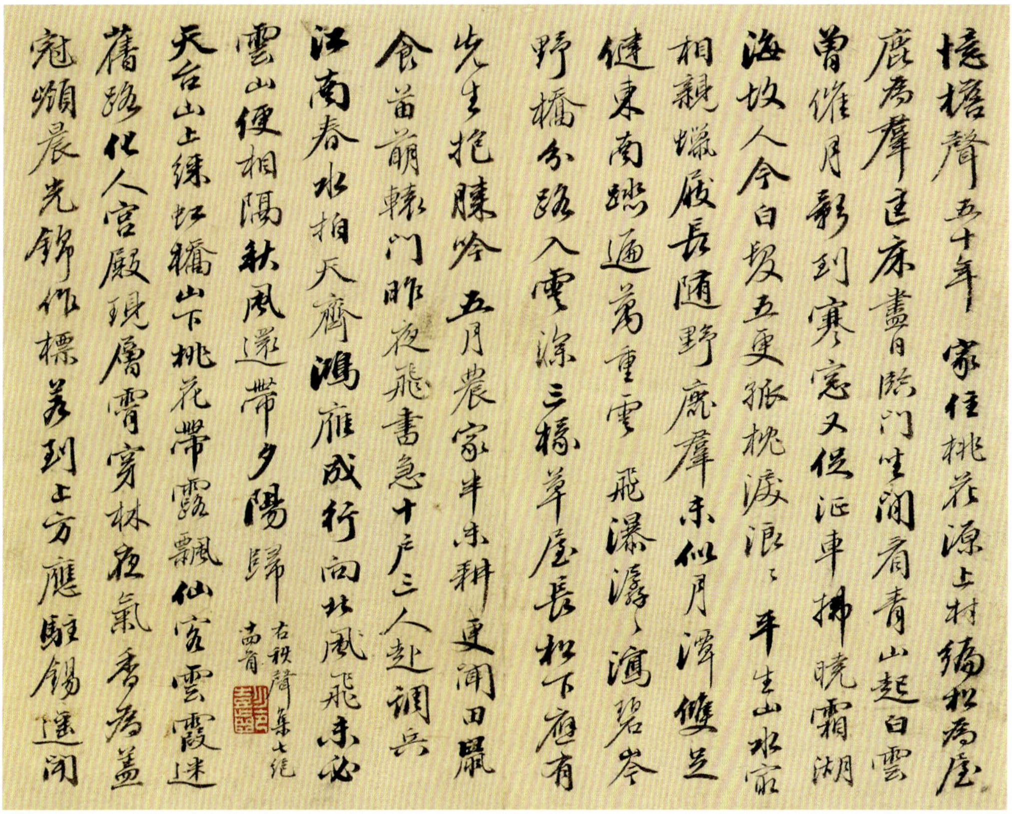

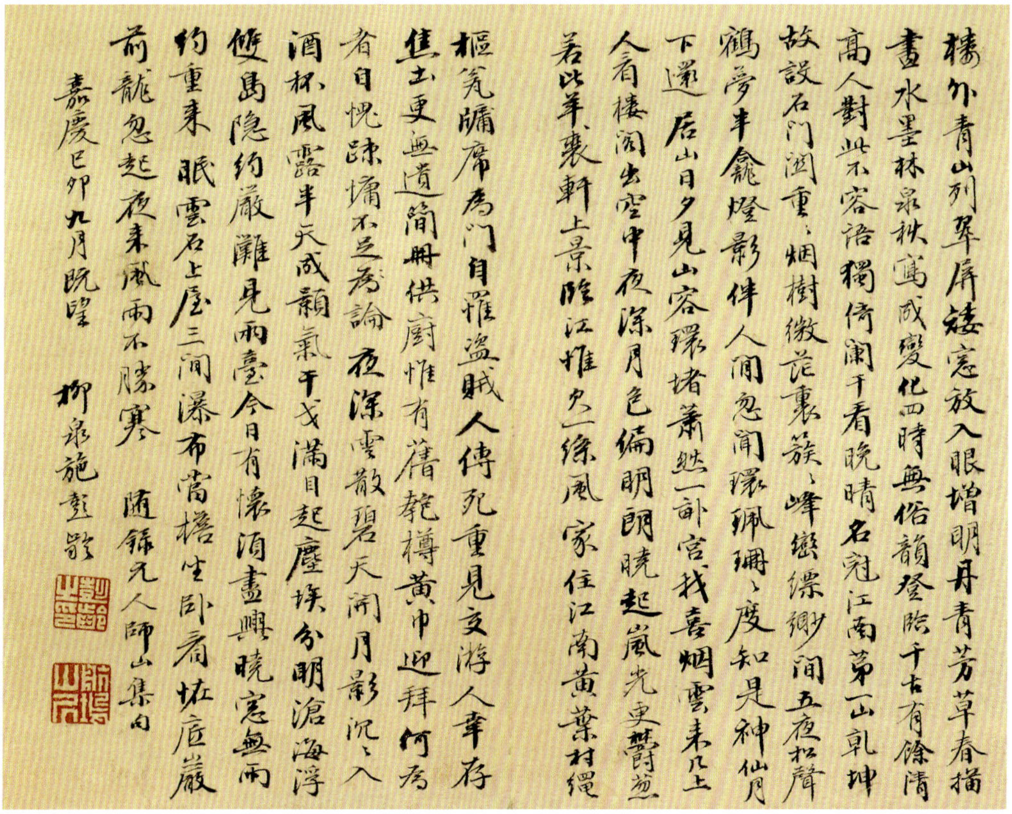

6. 清　施柳泉　行书诗札册

纸本　纵 21、横 27 厘米

施柳泉，生平待考。

行书册（一、二）

7. 清 张敬 行书册

纸本 纵 34.5、横 24. 厘米

张敬（1734 ~ 1803），字虎人，又字莅园，一字芷园，亦作芷沅，号雪鸿，又号木者（一作木香），晚号止止道人，先世安徽桐城人，迁江宁（今江苏南京），籍山东历城。乾隆二十七年（1762）举人，官湖北房县知县。张敬能书，工诗，擅画山水、人物、花卉、禽虫，白描设色无不工妙，随意挥洒，笔气豪纵。

周仁熟與元章文契一日元章言
得一硯非世間物殆天地秘藏待我
而識之蒼曰公雖名博識所得之
物真贗各半特善誇耳帶起耳
於笥周遽起索巾滌手者再著
欲敬觀狀帶喜出硯周稱賞不
已且云誠為尤物未知發墨何如
命取水未至亟以唾點磨墨帶
變色曰何先恭後倨研汚矣不可
用為公贈繼歸之竟不納又元章
多游江漢每卜居必擇山水明秀
家其初本不能盡後以目所見日漸
摹之遂得天趣其作墨戲不專
用華紙　　麾下張敬

惠勤惠思皆居孤山藏于瞻倅
郡以臘日訪之作詩云天敬雪雲
澗湖樓臺明滅山有無水清石
出直可數林深無人鳥相呼朧日
不歸對妻孥尋道人實自娛
道人之居在何許寶雲山前路
鹽紆孤山孤窮誰有廬道人有室
山不孤紙窗竹屋深自暖擁褐
坐睡依圍蒲天寒路套琴僕支髻
駕催踚及未晡出山回望雲木合
但見野鶻盤浮屠茲游澹泊歡有
餘到家怳如夢蘧蘧　　張敬

行书册（三、四）

北垞靜深南榮寒煙透迤邐皀芙之橋窈
窕辛夷之館蘼蕪稍礙帽以難扶橋刺肇
衣而莫翦廬同諸葛門前之桑已猗猗
頹王陽塢外之棗何篆篆花名躅念以枝
長竹號掃愁而節短何況宅區前後衝
岠東西壁帶則銀釭不異門楣則畫戟
偏齋多子之石榴對結相思之嫣鳥雙
棲楊子幼種豆之餘缶筝互響陶淵明
采菊之暇東栗紛攜　看芳軒賦一則
雨其遠堞偏瞰連洲面臨青雪倒
翠碧樹沈陰循懸崖以跼步漸窈
窕而蕭森望羣峰之煙靄夾清
泉于淺瀨包派雲兮歸來失嶢壁
于天外藜雜糅兮成帷木巍薆而
篩紫絕徑而躋岅扪屋霄而著連眺江
飄于百里樹鬱雲樹之千盤　峴山賦一則

溶溶新水碧挼苔風靜菱花幾簇開小艇不知何處載客
將秋色過溪来　扁舟曾記酌西湖笑倚東風醉莫扶酒
醒不知天已暮梅花枝上月輪孤　好詩應向過橋成逸興
還從對局爭此日山林無一事竹香細細晚風清　南泉
葱蒨夏林綠高齋方夕曛幽花初注
露遠岫歛歸雲停篷風初至移尊
酒半醺明朝憶佳賞回首念離羣
書雲林圖

玉堂仙人入直還盡日閒園惟閉關展席平臨階下
樹開簾遠對几前山蒼微陰深日卓午石榻微涼
遇新雨澗道聲飛泉瀑寒雲根色毿苺古仙人
芳屨出幽林長嘯時逢鸞鳳音手揮綠筆吟芳
杜目觀飛鴻彈素琴　書偶傲有餘清竹窗今夜月
華明誰言西掖絲綸貴更有東山蘿薜情
榕園二哥先生屬書
甲申夏六月濟南弟張啟

行书册（五、六）

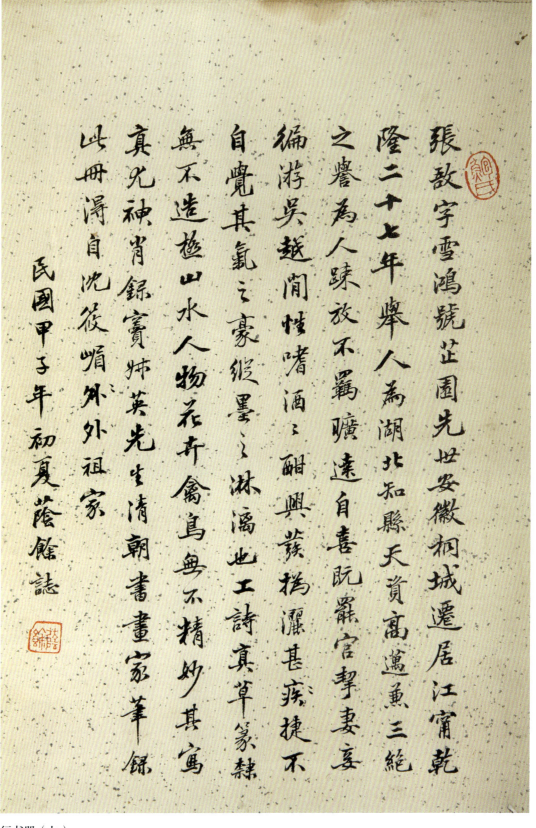

張敔字雪鴻號芷園先世安徽桐城遷居江甯乾

隆二十七年舉人為湖北知縣天資高邁藝三絕

之譽為人踈放不羈曠遠自喜既罷官挈妻妾

徧游吳越閩性嗜酒二醉興發捉灑甚疾捷不

自覺其氣之豪縱墨之淋漓尤工詩真草篆隸

無不造極山水人物花卉禽鳥無不精妙其寫

真尤神肖錄寶姊英先生清朝書畫家筆錄

此冊得自沈筱頫外祖家

民國甲子年初夏芷盦饒誌

行书册（七）

碧山草堂記

吾邑西北濱江海環城屏障得二山焉函古西山漱盧之所以蔽風雨也北曰北幹吾友任公子建齋家於山陽管許充度塈嘯雪也兩山之間東達郡城南通省會里中之干祿問名服賈求利者鄉黨所訕笑也與青蓮往矣充度夾不甲復倫于懷渺賀證末由書以復建齋有以知建齋之笑而不言如故也道光壬寅五月二十五日瓶城王曼壽記命六弟養壽書

8. 清　王养寿　《碧山草堂记》楷书册

纸本　纵 16、横 10.5 厘米

王养寿（生卒年不详），浙江萧山人。

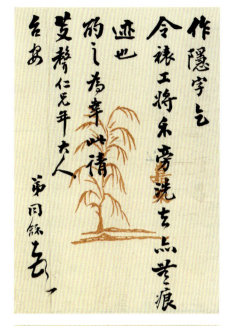

作隐字云
今裱工将朱旁洗去点苔痕
迹也
為之為幸此请
芝馨仁兄年六人
台安
弟同龢

楹联送上醜书不可言状有玷
佳纸為愧耳安隐即安稳
字注云踪歘乘此一曰安此从
禾隐省古通用安隐但稳字
條新垙自不為隐字之古喁
谱皆新垙字故例云之必改

昨日次公過我山庐以史晨碑
為必非舊拓本偁雅陛信笺
尊藏明拓本较之自可释疑矣
此上
芝馨老哥左右 弟同龢
青荫日

賜䣛今日扁舟湖海玄能專
一壹亦稱豪
辛丑九月帰自山中兴中口
占首率悃農末篇則言志也末
请
芝馨老哥
斧正
弟翁同龢卅

連兩殊月下田皆成巨浸歲
事可憂而边声益急震世凛
然惟有閉戶学禅或徙雁百子
萬劫也小待垂呈
爷政不敢当和也碁请
暑安
芝馨老哥 弟同龢
四月廿三日

稻秀棉開有定程天公庭
鉴老農情秋堂昨夜风熏
两慈听梧桐叶三声
卅年應過雪风饕久飲
官厨拜

9. 清 翁同龢 信札册

纸本 纵 24.5、横 13 厘米

翁同龢（1830 ～ 1904），字叔平，号松禅，别署均斋、瓶笙、瓶庐居士等，别号天放闲人，晚号瓶庵居士。咸丰六年（1856）进士，官至协办大学士，户部尚书，参机务。学通汉宋，文宗桐城，诗近江西。书法遒劲，天骨开张。幼学欧褚，中年致力颜真卿，更出入苏米。工诗，间作画，尤以书法名世。晚年沉浸汉隶，为同光书家第一。

進學解
國子先生晨入太學招諸生立館下
誨之曰業精於勤荒於嬉行成於思
毀於隨方令聖賢相逢治具畢張拔
去凶邪登從俊良占小善者率以錄

名一藝者無不庸爬羅剔抉刮垢磨
光蓋有幸而獲選孰云多而不揚諸
生業患不能精無患有司之不明行
患不能成無患有司之不公言未既
有笑於列者曰先生欺余哉弟子事

若夫商財賄之有亡計班資之崇庳
忘己量之所稱指前人之瑕疵是所
謂詰匠氏之不以杙為楹而訾醫師
以昌陽引年欲進其豨苓也
同治辛未九月
沈成烈書

10. 清　沈成烈　《进学解》泥金小楷册

纸本　纵15、横8.5厘米

沈成烈（生卒年不详），字筱嵋，浙江萧山人，越中历代画人传作山阴（今浙江绍兴）人。同治四年（1865）进士，由庶常改官兵部主事，旋即告归。精楷书，擅兰石。有《许闲山馆诗钞》。

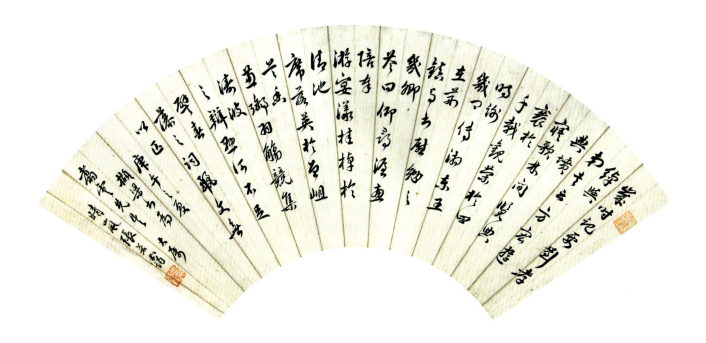

11. 清　张若霭　行书扇面

纸本　纵17.1、横50.6厘米

张若霭（1713～1746），字晴岚，号景采，又号炼雪、练雪道人、晴岚居士，安徽桐城人。张廷玉之子。雍正十一年（1733）进士，官至礼部尚书。擅书法，工山水、花鸟、鱼虫，得王谷祥、周之冕遗意。亦能诗，著有《晴岚诗存》。

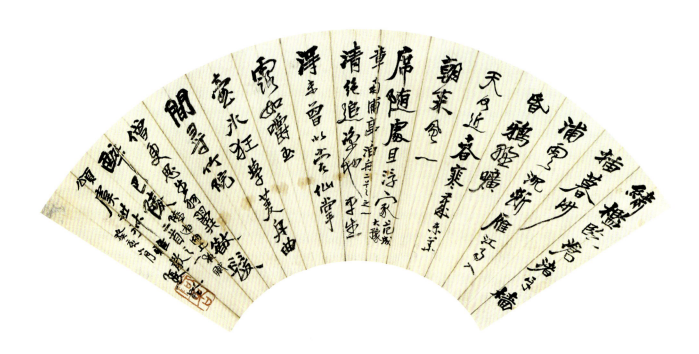

12. 清　张坚　行书扇面

纸本　纵18.1、横51厘米

张坚（1681～1763），字齐元，号漱石，又号洞庭山人，别署三松先生，江宁（今南京）人。清代戏曲家。

十二通衢策素心別時相
憶此相尋還後只道重逢好
莫向年來雪上簪書生不廢吟
哦功袖書懷業中亞然
紫陌春風起吹過香塵糝硯紅
校書可直能跨馬我乃不攻援轡
老與人捷健馬不如坐穩徐徐清
夢燕帝城春色活等涯澌覺風
和畫景除歸然小凇軟滌硯自
收香水灌斟花

劉文清與中詩四首
徵公仁世此法教 汪洵

13. 清 汪洵 行书团扇面

绢本 纵 23.3、横 23.7 厘米

汪洵（？~1915），原名学瀚，字子渊，一字渊若，阳湖（今江苏常州）人。光绪十八年（1892）进士，授编修。书法摹颜真卿，得其神骨，又参以他帖而变化之，工力甚深。兼精篆、隶，尤工小篆。少时喜刻印，非旧友不知，所用印皆自作。工花卉、草虫，秀逸可爱，惟不轻动笔，鲜有知其能画者。暮年鬻书沪上二十年。

14. 清 江清骥 行草团扇面

绢本 纵 25.4、横 25.8 厘米

江清骥（生卒年不详），字小云，号颐园，钱塘（今浙江杭州）人。道光二十年（1840）举人，官江苏常镇道。工篆、
隶、行、草。

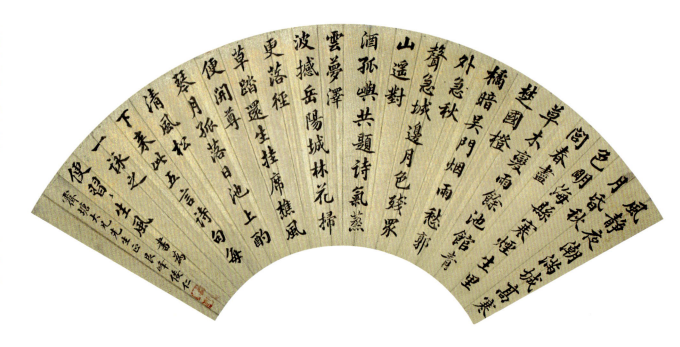

15. 清　倭仁　楷书洒金扇面

纸本　纵 18 、横 53.5 厘米

倭仁（1804～1871），字艮峰，又字艮斋，蒙古正红旗人。道光九年（1829）进士，晚清理学家。

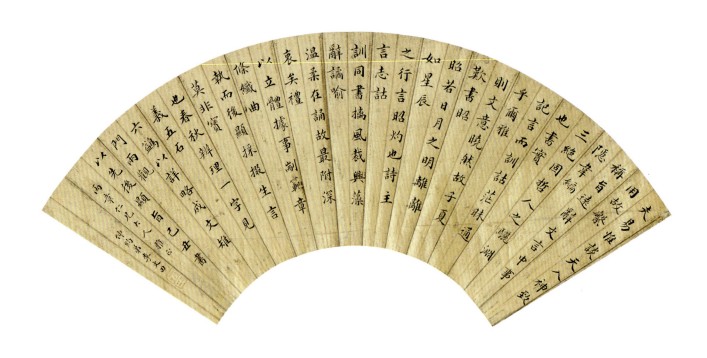

16. 清　李文田　楷书扇面

纸本　纵 23.5、横 53 厘米

李文田（1834～1895），字畲光、仲约，号若农、芍农，谥文诚，广东顺德人。咸丰九年（1859）进士，官至礼部侍郎。学问渊博，工书擅画，为清末书法家。

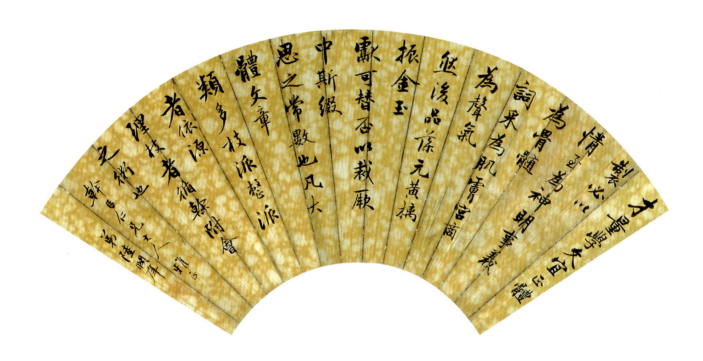

17. 清 陆润庠 行书扇面

纸本 纵 18.3、横 51.6 厘米

陆润庠（1841～1915），字凤石，别号固叟，元和（今江苏苏州）人。同治十三年（1874）状元，官至都察院左都御史、太保、东阁大学士，谥文端。书法清华朗润，意近欧、虞，然馆阁气稍重。

18. 清　吴谷祥　行书扇面

纸本　纵17、横50厘米

吴谷祥（1848~1903），原名祥，字秋农，初字蓉甫，别号瓶山画隐，晚号秋圃老农，浙江嘉兴人。山水远宗文、沈，近法戴熙，亦擅花卉、仕女，用笔苍劲，设色清丽。俞曲园评其画为"神品"。清末在上海鬻画，时画风习尚纵横草率，而其独能不落时尚。

19. 清　甘文煊　仿米芾《淡墨秋山诗帖》行书轴

绢本　纵 160.5、横 41 厘米

甘文煊，生平待考。

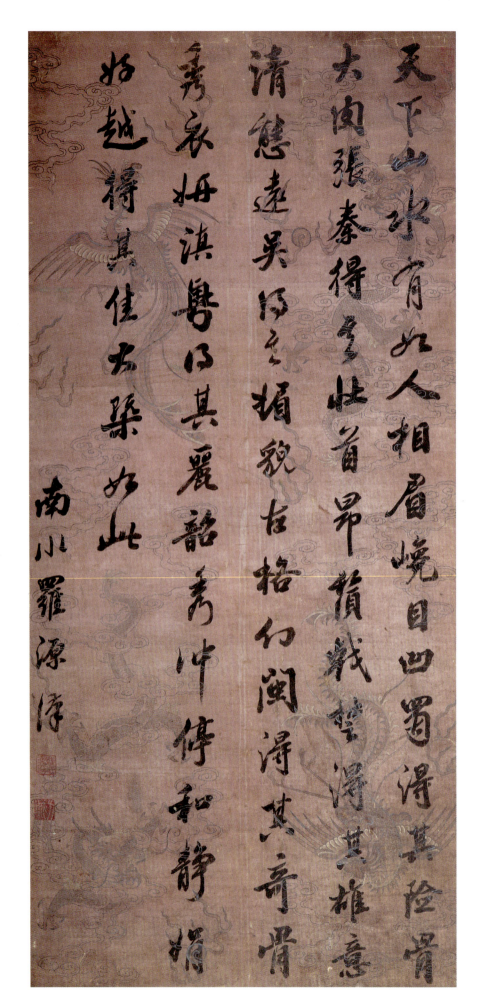

20. 清　罗源汉　行书轴

绢本　纵 121、横 56.5 厘米

罗源汉（1708～1783），字南川，号方城，湖南长沙人。雍正十一年（1733）进士。工诗文，擅书。诗文雍容端雅，书法米芾，苍古遒劲，卓然成家。著有《南川诗集》。

21. 清 梁同书 七言行书联

纸本 纵126.5、横29厘米

梁同书（1723～1815），字元颖，号山舟，晚年自署不翁、新吾长翁，钱塘（今浙江杭州）人。工于楷书、行书，到晚年犹能写蝇头小楷，其书大字结体紧严，小楷秀逸，尤为精到。与刘墉、翁方纲、王文治并称"清四大家"。传世书迹甚富，小楷书作尤多。著有《频罗庵遗集》、《频罗庵论书》等。

水能澹性为吾友

竹解虚心是我师

石菴

22. 清 刘墉 七言行书联

纸本 纵165、横36.5厘米

刘墉（1719～1804），字崇如，号石庵，另有青原、香岩、东武、穆庵、溟华、日观峰道人等字号，诸城（今山东高密市）人。文正公刘统勋（大学士）之子。清代著名政治家。其家学渊源，书法魏晋，笔意古厚。与翁方纲、王文治、梁同书齐名为"清四大书家"。

23. 清　姚鼐　七言行书联

纸本　纵 129.5、横 32.5 厘米

姚鼐（1731~1815），字姬传，又字梦谷，安徽桐城人。桐城派著名代表人物，长于古文，晚而工书，专精王献之。

24. 清　陈鸿寿　行书八条屏

纸本　纵 97.5、横 24.5 厘米

陈鸿寿（1768 ~ 1822），字子恭，号曼生、曼寿、种榆道人，钱塘（今浙江杭州）人。清代篆刻家，西泠八家之一。嘉庆六年（1801）拔员，曾任溧阳知县、江南海防同知等职。能诗文，擅书画，行草、篆、隶书都有自己风格，好金石碑刻，收藏甚富。

昔之三河徙植九
晚移根用花建始

之殿落實雕陽之園
臺含岭谷曲抱雲

門將雖集鳳比翼巢
鴛雕鶴始就剪裁仍

加紛披草樹散亂煙
霞若夫松子古度平

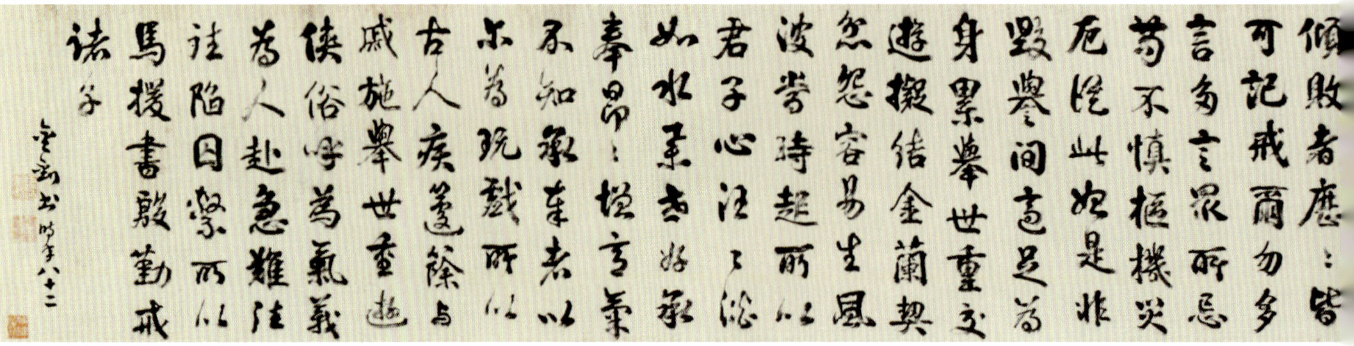

25. 清 汤金钊 范鲁公《戒子诗》行书手卷

纸本 纵 28、横 238 厘米

汤金钊（1772～1856），字敦甫，一字勋兹，谥文端，浙江萧山人。嘉庆四年（1799）进士，道光十五年（1835）官至吏部尚书。书法颜真卿，中年临褚、赵，尤能秀润，沉稳而有丰神。

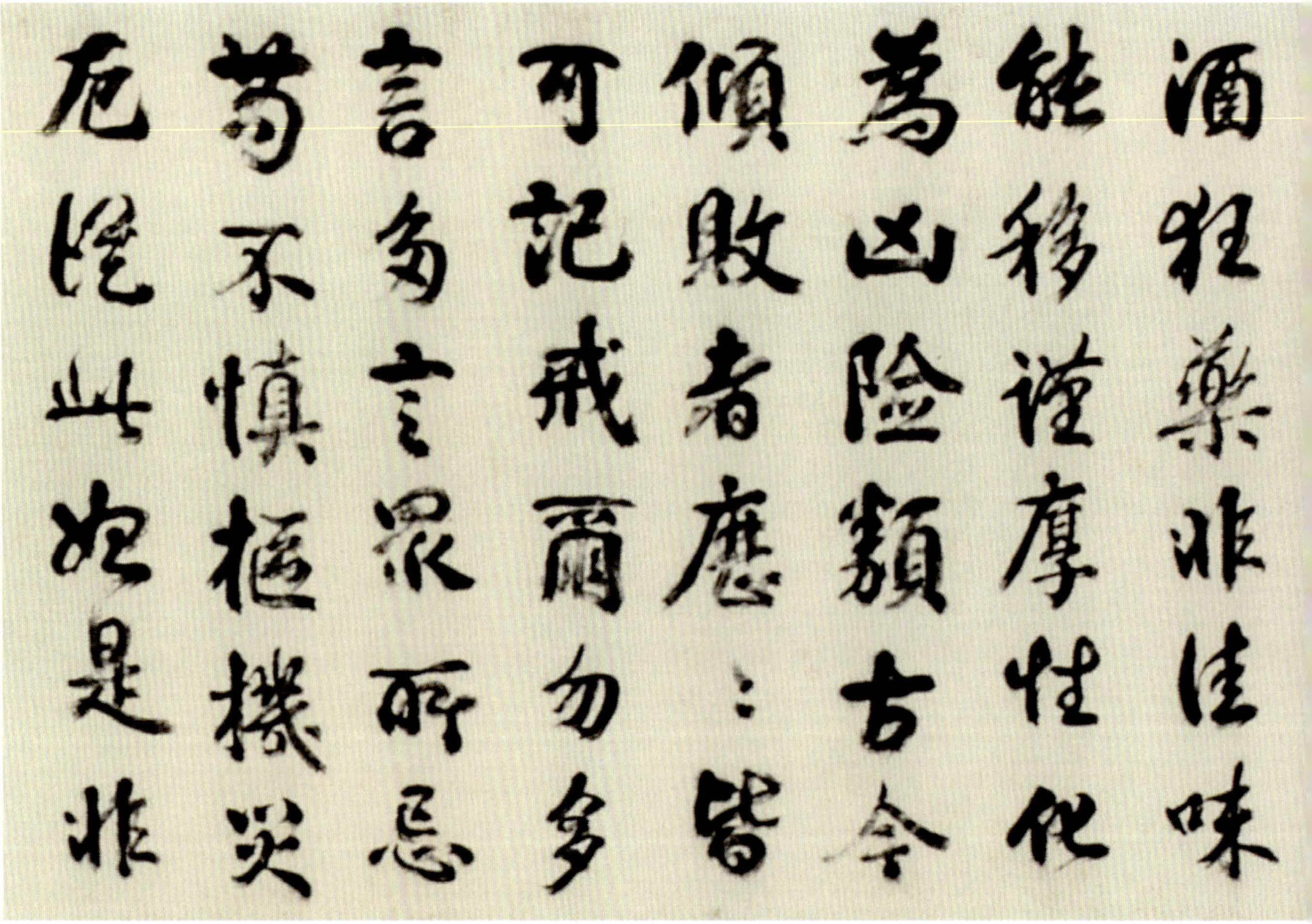

范鲁公戒从子
诗曰戒尔学立
身莫若先孝悌
怡怡奉亲长不
敢骄易战战复
兢兢造次必於
是戒尔学干禄
莫若勤道艺尝
闻诸格言学而
优则仕不患人
不知惟学患不
至戒尔远耻辱
恭则近於礼自
卑而尊人先彼
而後己相鼠与
茅鸱宜鉴诗人
刺戒尔勿放旷
放旷非佳端士
周孔垂名教斋
果尚清议南朝
称八达千载秽
青史戒尔勿多
酒狂药非佳味

卑而尊人先彼
而後己相鼠与
茅鸱宜鉴诗人
刺戒尔勿放旷
放旷非佳端士
周孔垂名教斋
果尚清议南朝
称八达千载秽

書畫宿羅心胸君　祖宦西涼為父官

粵東皆由縣令姑益以刺史終　先君字…羽豐韽

而筆和選廣東雜興調電白高要署化州知州嘉應直隸州知州陸南澳海防同知著有兩峰詩鈔杜詩本義三晉見南鏤皆已刻

雛坐未典郡無珠黃與龔府至興

學校教化如文翁家徒四壁儒有一

獻官廉吏不可為子困孫益窮君手十

倍我大華雄雕龍經術費有用立言

須立功我老之伏櫪君飛將出籠頷

效虞升鄉清白承家風

予識

鷺洲明經幾一年其

先大父與先君鄉會同年皆不可知也追

從之須偶談及姻傅先生而知之

鷺洲出所藏乾隆巳卯癸未兩科回

年齒錄見示阮手鈔一通復作五古

三篇以貽　鷺洲並屬和焉

道光巳亥四月五日書於滬瀆敬業

書院梅麓齊彥槐并識

26. 清　齊彥槐　行書橫披

紙本　縱 120、橫 31.3 厘米

齊彥槐（1774～1841），字夢樹，號梅麓，又號葒三，安徽婺源人。嘉慶十四年（1809）進士，改翰林院庶吉士，散館，授江蘇金匱縣知縣。擅詩賦、書法，精于鑒藏，有《徛齋書壁詩》十九首。

先君同年友我生識四人四人皆我師

知巳蒙感恩經受桐城姚禅鵑鍾山字問

仁和孫 元紫陽問業師 擇褐入詞館出澍二相

門 錢唐相國費公諱淳巳會試座師 堂知有

冨陽相國董公諱誥 殿試讀卷師

喬公鹿鳴早同寶及到大羅天眾仙

重結鄰想當登第日握手惜尤敦仕

官隔山川遂成参与辰 姚孫費董四公為先

則鄉會 君能守 祖澤匪直一硯溫迴

八十載千佛名經存

挑燈手鈔錄用貼吾後昆顧效孔李

家百世猶相親

前年客金陵始識湯都督皆將軍不好

武書卷堆滿屋祖考昔同年久失登

科錄長形到東洲游戲相徵逐忽達

表竹畦偶為兩生告改稱丈人行稽首

拜端肅

上洋鷺洲又其續敦舊言交欣為恭

窈有感平生百嬾情亦大一庸碌猥川

先世誼往之為人材辭之理不可輩分

27. 清　包世臣　七言行书联

纸本　纵 135.5、横 32 厘米

包世臣（1775~1855），字城伯，号慎伯，晚号倦翁，安徽泾县人。泾县古称安吴，故人称包安吴。嘉庆十三年（1808）举人，曾官江西新喻知县。清代书法家，书法理论家。

28. 清　林则徐　七言行书联

纸本　纵 130、横 29 厘米

林则徐（1785～1850），字元抚，又字少穆，晚号俟村老人，侯官县（今福建福州市）人。清嘉庆十年（1805）进士，入翰林院为庶吉士，授编修，历任江西、云南乡试考官，江南道监察御史，浙江杭嘉湖道，江苏和陕西等省按察使，湖北、湖南、河南等省布政使。

29. 清 姚元之 六言隶书联

纸本 纵 126、横 28 厘米

姚元之（1773～1852），字伯昂，号荐青，又号竹叶亭生，晚号五不翁，安徽桐城人。嘉庆十年（1808）进士，官至左都御史、内阁学士。擅画人物、果品、花卉，书法尤精隶书。与崔旭、梅成栋皆出自清代著名诗人张问陶门下，合称"张门三才子"。

30. 清 郭尚先 七言行书联

冷金笺 纵 126.5、横 29 厘米

郭尚先（1785～1832），字元开，又字兰石，福建莆田人。嘉庆十四年（1809）进士，官大理寺卿。精鉴别，书似欧阳询，以骨力胜，间作小楷，颇深别趣。书仿赵孟頫、董其昌，秀劲天成，兼工兰竹。

采得灵根手自栽

裁来云锦花无样

31. 清　张祥河　七言行书联

纸本　纵 129、横 29 厘米

张祥河（1785~1862），原名公璠，字号元卿、诗舲、法华山人，谥温和，娄县（今上海松江）人。嘉庆二十五年（1820）进士，官工部尚书，写意花草宗徐渭、陈道复，山水宗文徵明，画梅亦工。

瀹研竹露裁唐句

兩湖六兄大人正

細嚼梅花讀漢書

愚弟朱鳳標

32. 清　朱凤标　七言行书联

纸本　纵133、横35厘米

朱凤标（1799～1873），字桐轩，号建霞，浙江萧山人。清道光八年（1828）乡试中举，道光十二年（1832）殿试一甲第二名进士，授编修。历道光、咸丰、同治三朝，任户部、刑部、兵部、工部、吏部尚书，多有兴革。

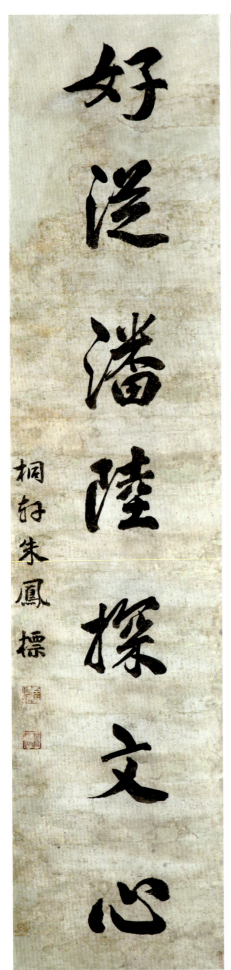

有元先生属

酒向孔颜寻乐地

好从潘陆探文心

桐轩朱凤标

33. 清　朱凤标　七言行书联

纸本　纵 128、横 29 厘米

杭州市萧山区临浦镇人民政府藏

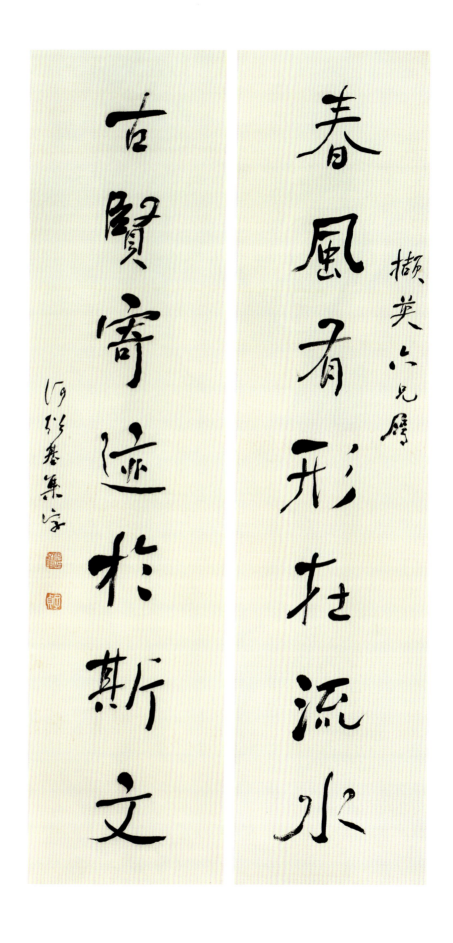

34. 清　何绍基　七言行书联

纸本　纵 123.7、横 30.5 厘米

何绍基（1799～1873），字子贞，号东洲，别号东洲居士，晚号蝯叟，湖南道州（今道县）人。历嘉庆、道光、咸丰、同治四朝，晚清诗人、画家、书法家。

周銅盤詔富賢吉牟

漢瓦當文延車益壽

逄蕭仁先夫人雅屬

乙酉初冬八十三老人子祥 張熊

35. 清　张熊　八言隶书联

纸本　纵 149、横 34.4 厘米

张熊（1803～1886），字寿甫，号子祥，别署鸳湖外史、鸳湖画隐、鸳湖老人等，秀水（今浙江嘉兴）人。室名银藤花馆。工花卉，古媚如王武，纵逸似周之冕，兼作山水人物。书工行、隶，擅篆刻。

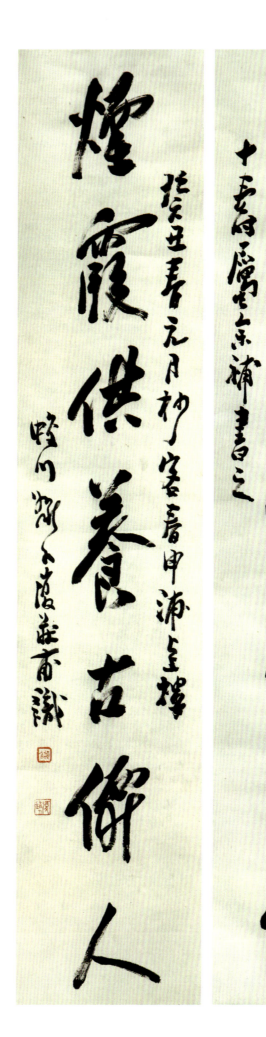

山澤鳳儀今太傅

煙霞供養古僊人

36. 清　姚燮　七言行书联

纸本　纵 115 、横 23.5 厘米

姚燮（1805～1864），字梅伯，号复庄，又号大梅山民、上湖生、某伯、大某山民、复翁、复道人、野桥、东海生等，镇海（今浙江宁波北仑）人。晚清文学家，画家。道光举人，以著作教授终身。治学广涉经史、地理、释道、戏曲、小说。工诗画，尤擅人物、梅花。著有《今乐考证》、《大梅山馆集》、《疏影楼词》。

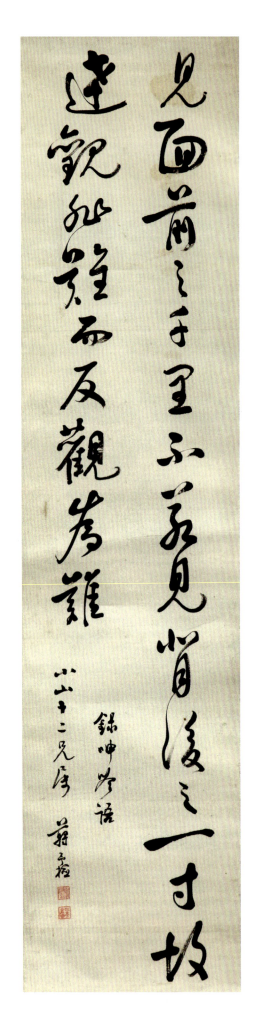

37. 清　蒋予检　行书轴

纸本　纵 130、横 30 厘米

蒋予检（生卒年不详），字矩亭，睢州人（今河南睢县）人。道光二年（1822）举人，官江西景德同知。与何绍基友善。工书学颜、柳。擅写兰，纵横偃仰，别有姿态。

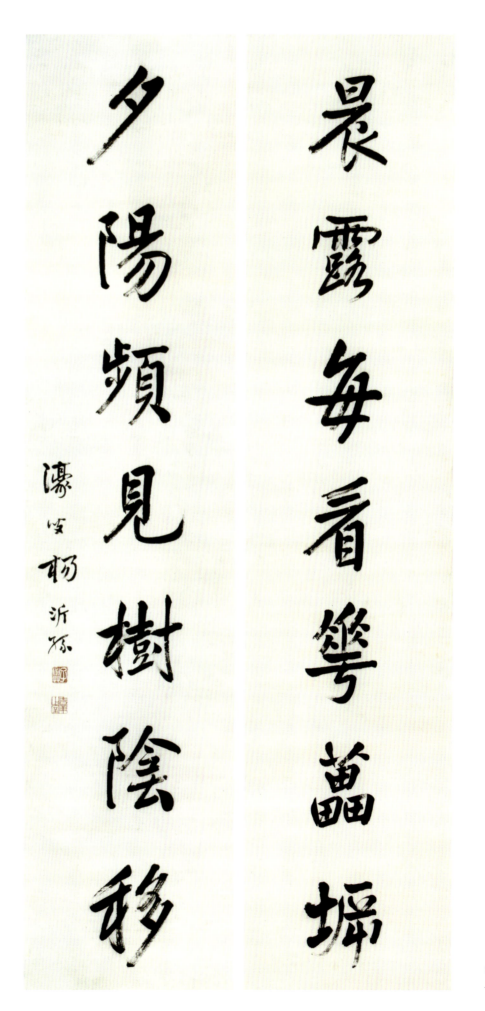

38. 清 杨沂孙 七言行书联

纸本 纵133、横30厘米

杨沂孙（1812～1881，一作1813～1881），字子舆，一作子与，号泳春，晚号濠叟，江苏常熟人。道光二十三年（1843）举人，官至凤阳知府。工钟鼎、石鼓、篆、隶，与邓石如颉颃，气魄不及，而丰神过之。偶刻印，亦彬雅迈伦。

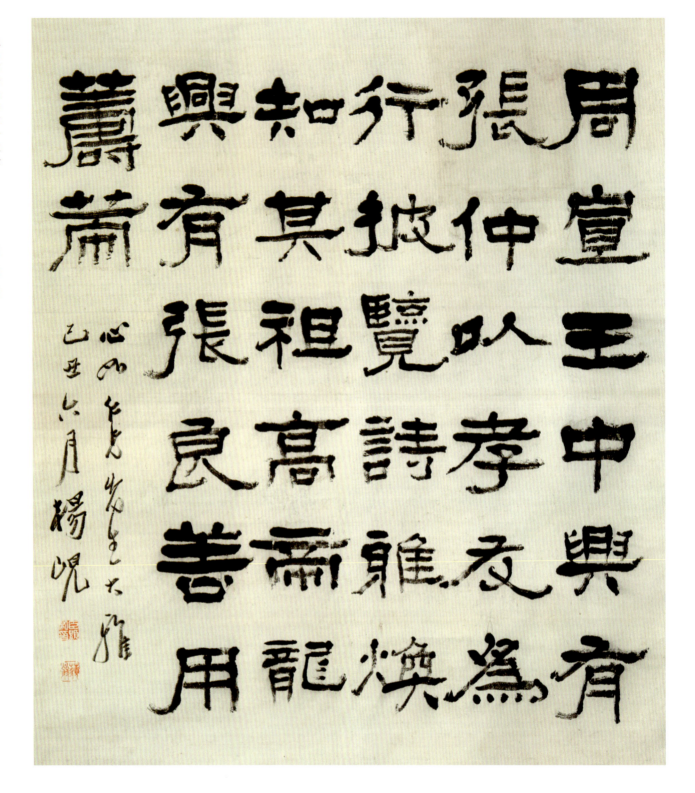

39. 清 杨岘 隶书轴

纸本 纵 80、横 70 厘米

杨岘（1819～1896），字庸斋、见山，号季仇，晚号藐翁、紫翁、迟鸿残叟等，归安（今浙江湖州）人。书法家，金石学家，诗人。咸丰五年（1855）举人，官至常州、松江等府知府。精研隶书，于汉碑无所不窥，名重一时。

40. 清 程恭寿 七言行书联

纸本 纵122、横26厘米

程恭寿（生卒年不详），字容伯，晚号人海，钱塘（今浙江杭州）人。道光十九年（1839）举人，官至光禄寺少卿。书法在李邕、米芾之间，亦擅颜、柳，咸同时都中推为第一。著有《坐春风馆笔记》。

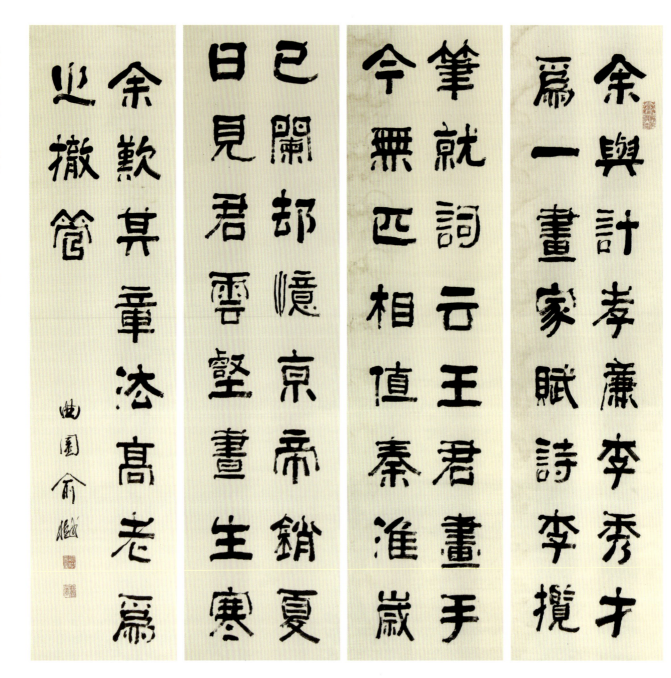

余與計孝廉李秀才扇一畫家賦詩李攬

筆就詞云王君畫手今無匹相值秦淮歲

已闋都憶京帝銷夏日見君雲鬖畫生寒

必撤管余歎其章法高老扇

曲園俞樾

41. 清　俞樾　隶书四条屏

纸本　纵 136、横 33 厘米

俞樾（1821～1907），字荫甫，号曲园，浙江德清人。道光进士，官翰林院编修、河南学政。晚年讲学杭州诂经精舍。治学以经学为主，旁及诸子学、史学、训诂学，乃至戏曲、诗词、小说、书法等，可谓博大精深。海内及日本、朝鲜等国向他求学者甚众，尊之为朴学大师。

及林仁兄大人雅鑒

甘伯胡澍

42. 清　胡澍　七言篆书联

纸本　纵 130、横 29.5 厘米

胡澍（1825～1872），字荄甫，又字甘伯，号石生，安徽绩溪人。咸丰九年（1859）举人，官户部郎中。工篆书，得秦汉遗意。亦能画梅。

君德明上炳煥彌光剋過拾遺糜清八荒奉懋承杕
綏億衛禕春宣聖恩秋殷著霜無偏蕩上貞雅以方
寧靜烝庶政與乾通輔主匡君脩禮有常咸曉地理
知世紀綱言必忠義匪石廠章麻弘大節讜而益明
揆往卓令謀合朝情譯艱卽安有勳育榮

節司隸校尉楊君
石門頌

43. 清　丁文蔚　隶书轴

纸本　纵 148、横 39 厘米

丁文蔚（1827～1890），字豹卿，号韵琴，又号蓝叔，浙江萧山人。官福建长乐知县。工诗，擅书，画花卉师白阳（陈淳）、南田（恽寿平）两家，秀雅古逸，篆、隶深得汉人古拙之趣。又擅刻竹。家有大碧山馆，一时名士常与往还。

渊无潜石浅织沙

潭不掩鳞深涵水鉴

祖香大兄大雅属

六笙陈璚

44. 清　陈璚　八言行书联

纸本　纵183、横39.5 厘米

陈璚（1827~1906），字鹿笙，又作六笙、鹿生，号澹园，晚称老鹿，贵县（今广西贵港市）人。室名随所遇斋。清咸丰十一年（1861）廪贡。工书法，兼画墨梅。晚年寓居杭州，时为西泠印社第一批社员之一。

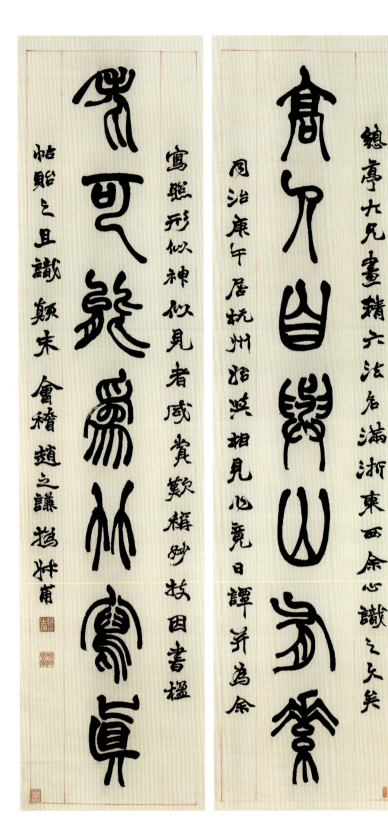

45. 清 赵之谦 七言篆书联

纸本 纵 143、横 36 厘米

赵之谦（1829～1884），初字益甫，号冷君，后改字撝叔，号铁三、憨寮，又号悲庵、无闷、梅庵等，会稽（今浙江绍兴）人。所居曰二金蝶堂、苦兼室。官至江西鄱阳、奉新知县。工诗文，擅书法，初学颜真卿，篆隶法邓石如，后自成一格，奇倔雄强，别出时俗。擅绘画，花卉学石涛而有所变化，为清末写意花卉之开山。篆刻初学浙派，继法秦汉玺印，复参宋、元及皖派，博取秦诏、汉镜、泉币、汉铭文和碑版文字等入印，一扫旧习，所作苍秀雄浑。他一生在诗、书、画、意上进行了不懈的努力，终于成为一代大师。

壽栢香燒煙篆横

博物篇承雅頌作

光緒丁未夏五月張鳴珂

46. 清　張鳴珂　七言行书联

纸本　纵 134、横 32 厘米

张鸣珂（1829～1908），原名国检，字公束，号玉珊，晚号寒松老人、窥翁，浙江嘉兴人。工诗词，擅书法。所著《寒松阁谈艺琐录》广载清代书画家事迹，评论艺术作品，为研究清代艺术史的重要参考资料。

懼庭宗三兄先生正之

积惠之家悦以礼

见寿者相和於春

愛伯弟慈銘

47. 清 李慈铭 七言行书联

纸本 纵129、横30 厘米

李慈铭（1830～1894），初名模，字式候，后改慈铭，字爱伯，号莼客，晚年自署越缦老人，会稽（今浙江绍兴）人。所居名越缦堂。晚清著名文史学家，博学能文，工书，擅画山水、花卉，落笔古拙可爱。著《越缦堂日记》等。

48. 清　吴大澂　七言篆书联

纸本　纵170、横32厘米

吴大澂（1835～1902），字清卿，号恒轩，吴县（今江苏苏州）人。清代学者，金石学家，书画家。擅画山水、花卉，书法精于篆书，题跋行楷方正流丽，独树一帜，兼长刻印，精鉴别，喜收藏。

49. 清 蒲华 八言行书联

纸本 纵167、横35厘米

蒲华（1839～1911），原名成，字作英，亦作竹英、竹云，号胥山野史、种竹道人、胥山外史，浙江嘉兴人。室名九琴十砚斋、芙蓉庵。早年科举仅得秀才，遂绝念仕途，潜心书画，携笔砚出游四方，后寓居上海，卖画为生。擅花卉、山水，尤擅画竹，有"蒲竹"之誉。书法淳厚多姿。其画燥润兼施，苍劲妩媚，风韵清健。

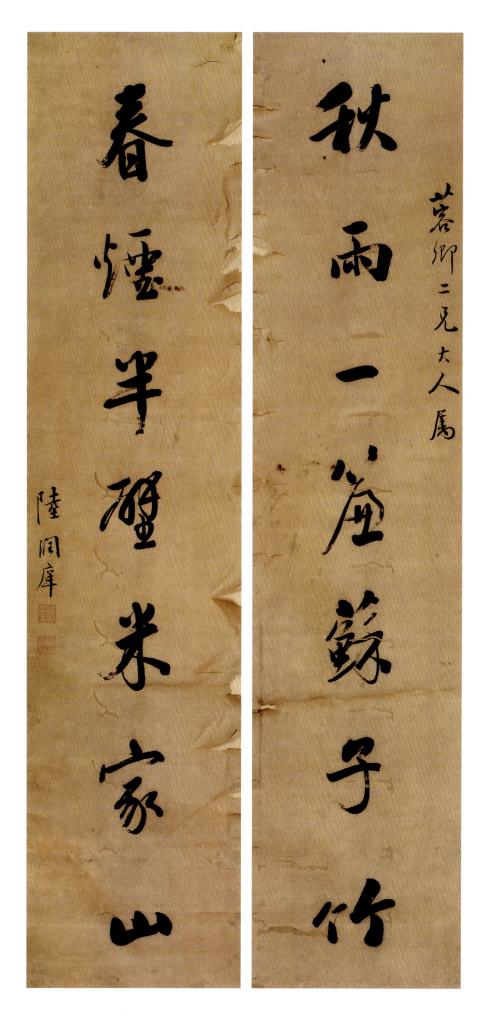

秋雨一簾蘇子竹

春煙半壁米家山

若卿二兄大人屬

陸潤庠

50. 清 陸潤庠 七言行书联

纸本 纵127、横29.6厘米

51. 清　陶方琦　《湘中之赋》行书四条屏

纸本　纵 125、横 31.7 厘米

陶方琦（1845~1884），字子珍（亦作子缜、紫畛）、汉邈、孝邈，号兰当、湘麐、湘湄，会稽（今浙江绍兴）人。光绪二年（1876）进士，授翰林院编修，湖南学政，总修湖北全省通志。师事李慈铭，所著统名为《汉孳室遗书》，工绘画，尤喜兰花。

52. 清 潘振镛 七言行书联

纸本 纵 113、横 22.7 厘米

潘振镛（1852～1921），字承伯，号雅声，自称欠壶琴主，晚署讷钝老人，又署钝叟，秀水（今浙江嘉兴）人。潘大临之子。工书、画。仕女法费丹旭，清轻淡雅，洁净无尘。花卉师恽寿平，书法亦似之。间作山水，法近文徵明，惟不恒作。传世者以仕女居多。与沙山春、吴嘉猷并为三绝。

濡染大笔何淋漓

含香声名动寒廓

芹舟先生方家指正

丁酉春三月上浣偶书斯联以呈

秀水雅声潘振镛

水西汪倫今朝重問茶磨嶺黃
葉西風哭故人呼嗟乎丈夫心得
封侯伯老死牖下何足惜世人那
不雙眼白石斕海枯一編出陸離
光怪炫金碧千秋不斬君子澤
嗚呼千秋乃見君子澤
天涯之下睨去海角兩字
冷香主人有重九懷人寫菊畫
悼香禪也先香禪而逝者
有茶磨山人予於言名抱慈
時曾作詩吊之典型袓謝
故舊凋殘予興香泠矣
有同感云
簡廬先生見吾儕所賦
而愛之屬書一遍昂正
康寅十月弇夫恢東宮

53. 清　陆恢　行楷字卷

纸本　纵 21.8、横 71.5 厘米

陆恢（1851 ~ 1920），原名友恢，一名友奎，字廉夫，号狷叟，一字狷庵，
自号破佛庵主人，原籍江苏吴江，久居吴县（今江苏苏州）。书工汉隶，
画则山水、人物、花鸟、果品无一不能。

己丑冬十月感懷　茶磨汪山人乞古一章

旅館驚秋落紅滿蕭蕭日影天寒

短病中遙憶窖中人滄海東頭夢

魂斷奔走江風塵衣食艱天涯

滯年三盃為愛張顛酒千首

空驚李白仙途窮賣文益賤

絡子庸夫湯相見誰識高山流

水心成連海上空留戀三載光

陰頃刻過故鄉知已別離為東風

一宿魂歸吾唱徧江湖雄霹歌

懷昔與君初叙首紅茵館裏端

陽酒主人彈鋏岩高歌雀節

良辰真非負我亦逢君隻眼

開後詩詞字發往來紅茵去後

青山冷雀傳須君作史才誰知

君復悲宿草落落晨星漸稀少

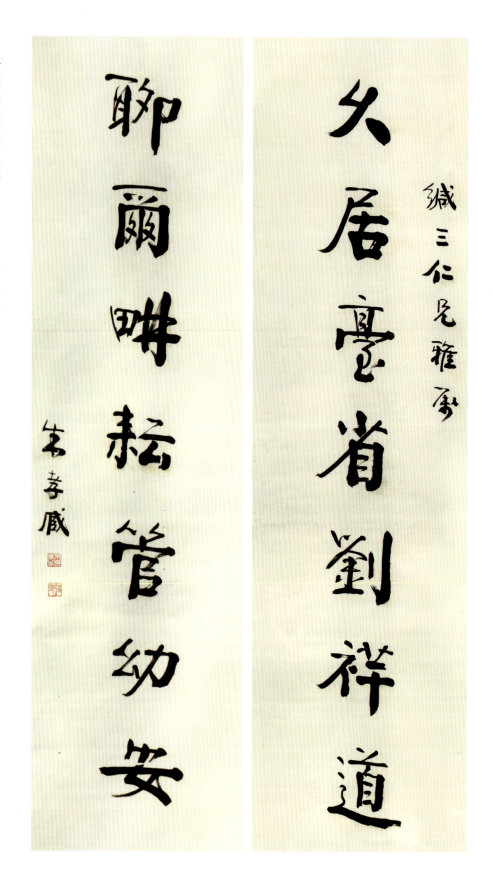

54. 清　朱孝臧　七言行书联

纸本　纵 147、横 39 厘米

朱孝臧（1857～1931），一名祖谋，字古微，号沤尹，又号疆村，浙江吴兴人。
光绪时进士。曾官礼部侍郎、广东学政。精词学，为清末四大词家之一。工书法，
宗颜褚，擅行楷。

月如有约琴传吾

怡园主人属书

花不能歌鸟代之

瓶生仁兄 翁同龢

55. 清　翁同龢　七言行书联

纸本　纵 107、横 17.5 厘米

榴花庭院晚晴初

荷叶池塘新乍息

樊山老人增祥

56. 清 樊增祥 七言行书联

纸本 纵131、横30.5厘米

樊增祥（1846～1931），字嘉父，号云门、樊山，别署天琴老人，湖北思施人。光绪时进士，授翰林，官至江宁布政使。工诗文书法。

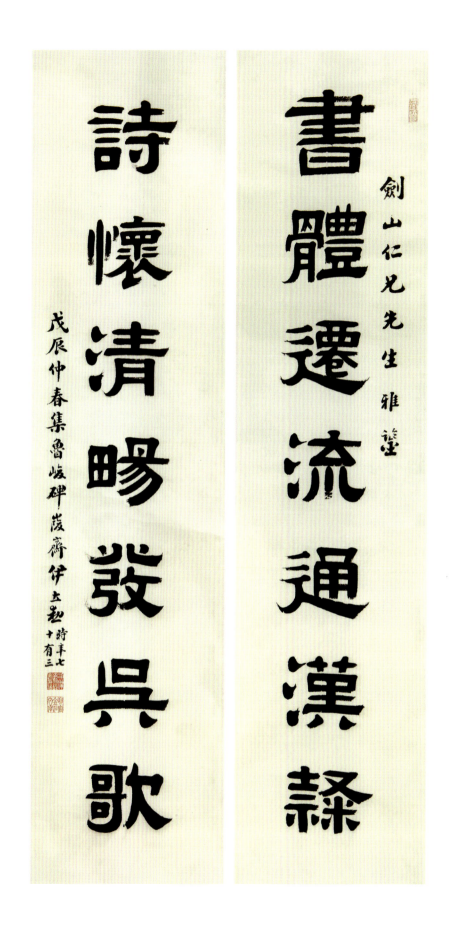

書體遷流通漢隸

詩懷清曠發吳歌

劍山仁兄先生雅鑒

戊辰仲春集魯峻碑葨齋伊立勛時年七十有三

57. 清　伊立勋　七言隶书联

纸本　纵 137、横 33 厘米

伊立勋（1857～1940），字熙绩，号峻斋、石琴，别署石琴老人、石琴馆主，福建宁化人。伊秉绶后人。室名石琴馆。清光绪时任无锡知县。清末民初著名书法大家，真草篆隶无所不能，功力深厚。

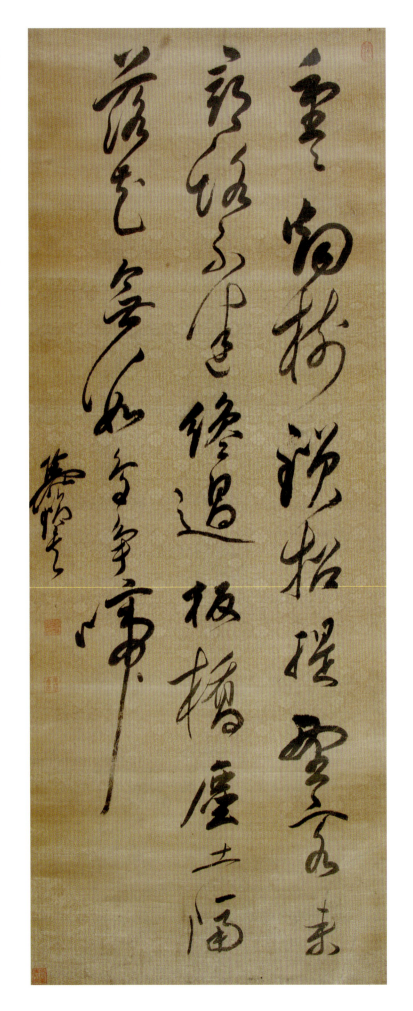

58. 清　郑朝鉴　草书轴

绫本　纵 130、横 50 厘米

郑朝鉴，生平待考。

59. 清　陆成栋　八言行书联

纸本　纵 180.5、横 34.5 厘米

陆成栋（生卒年不详），字迈偷，浙江萧山诸生。喜画丛兰，绝无俗韵。山水亦俊逸。工书，纵横变化，不拘一格。有《青霭居诗钞》。

60. 清 周易藻 八言行书联

纸本 纵 165、横 36 厘米

浙江湘湖旅游度假区经营管理有限公司藏

周易藻（1864 ~ 1936），字芹生、曹斌，号璐琴，晚号遁叟，萧山区戴村镇丁村人。晚清举人，著有《萧山湘湖志》。

遊難折桂去沂树水滂瓜

蓋示禄然住兄風家高

千古解为两翁贈枣舟玻

璨夜雨逝偏亨家度好離

未算離隆道清秋兵火灾

一塲宋教繫安危鄭重

臨江別二郎未甘後會付

蔚花春畫漂泊毎家如錯

認他鍋等家鄉 丁丑花事

錫重仁兄匡之 錢振煌

61. 近代　钱振煌　行书斗方

纸本　纵37.2、横46.3厘米

钱振煌（1875～1944），字梦鲸，号名山，江苏常州人。光
绪二十九年（1903）进士。书法擅行楷，学帖而参以碑意，用
笔浑朴，结体宽博。书学主张沉着痛快，有解衣磅礴之概，寓
风雷霹雳之声。晚年喜画墨竹，清疏挺峭。

蕃知多少珠辇禅心八护美人
床前喃语太分明瑑々眼似记得清歡喜

观宾面
骚人岁月易消磨長畫敲基道睐魔邪谓
败军程可喜闷他勝算尧咎燈前典览
雌八陸肩多先掌級數多十三羊年寫一
瞬而容爛浸我回打
谈静涵欢察画葉
侬辇秀花眼搜搽見國家挮鉋将支史摘鉋入诗裏

形念身是佛飯依宁不我慷卿
秋風銷院畫面開松有孫枝鹤有胎今年
輪廻何事作傾城逢出三生倍有情高抱
老衲不歸未
会翁鳚郎抱高前生莫记六生
颔畫蘭和雲生韻

62. 近代　朝林　题画诗笺册

纸本　纵22.5、横59厘米

朝林，生平待考。

題柏鹿圖 寄雲生刺史繪圖寄似宣城
范元學人艾庵先生壽

西臺廊州月循良刺史才一官隨世即志即
循陵郭筆開生面斑衣曾奏業西關瞻榮
氣杖履好重來
鎖院同籍集題柏鹿鳴人同慶柏壽地
有紫芝生石嶺苓懷健重陽秋氣清占華
見南極金華炸光明

長安何幸秀花來盼得庭階蕊已開我
與幽蘭同臭味等閑尢李不輕栽
入篇味覽有奇來豈許葉華涴露開一
葉一花都不俗春風消息為先栽
題松鶴圖
百尺虬枝千自栽千秋儲作棟樑材舄情
誰似鳴皋鶴一度添籌一度來

題拈花證果圖 方平山同年自言前身中庶
蘭若思悟前生事雁興姬人云
三生石上舊精魂記取他生六世來身
　雲生山樵記 庚戌

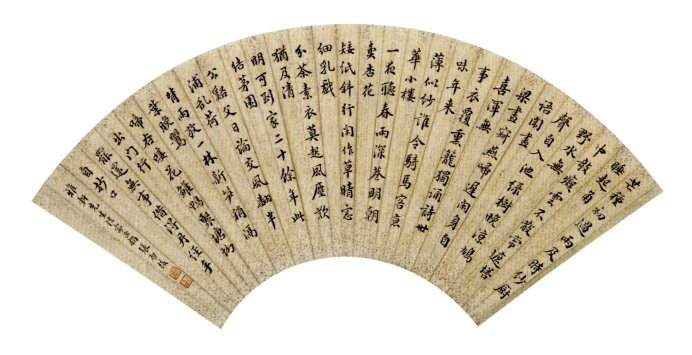

63. 近代　张启后　行书扇面

纸本　纵 18.8、横 52 厘米

张启后（1873～1944），字燕昌，号若曾，安徽泗州人。光绪三十年（1904）二甲一名进士，散馆授编修，官任陕西榆林知府。辛亥革命后任国会议员，安徽政府秘书长。善诗文，工书法。

64. 近代　郑孝胥　行书扇面

纸本　纵 16、横 49.5 厘米

郑孝胥（1860～1938），字太夷，号苏戡、海藏，闽县（今福建福州）人。清光绪八年（1882）解元，官至湖南布政使。工诗，擅画松树，尤精于书法。早年师法颜真卿和苏轼，晚年受六朝书风影响，笔力坚挺，有清刚之气，又不乏松秀之趣。著有《海藏楼诗集》等。

65. 近代　黄太玄　七体书扇面

纸本　纵 18.4、横 50.5 厘米

黄太玄（1866～?），字履平，号玄翁、剑秋。擅诗词，也擅长书法，小楷最富时名，也擅篆书、章草，举重若轻，金石气足。曾于民国初年创办并主编《小说时报》，对鸳鸯蝴蝶派的兴起起到了重要的推动作用。20世纪20年代至30年代初期，曾多次在上海、杭州、苏州等地办个人书法展。1923年成立中国艺术会，为发起人之一，参与上海艺乘书画会活动，与王一亭、钱化佛、黄宾虹、吴湖帆、张大千等名流交往甚笃，是当时公认书画界中文笔最好者。

66. 近代　褚德彝　篆书扇面

纸本　纵 18.1、横 50.1 厘米

褚德彝（1871～1942），原名德义，字松窗、守隅等，号礼堂，又作里堂，别号汉威、舟枕岷等，浙江余杭人。近代篆刻家，考古学家。工书，尤擅金石考证。

67. 近代　金兆蕃　行书扇面

纸本　纵 18.5、横 50.6 厘米

金兆蕃（1869～1950），字篯孙，号药梦老人，浙江嘉兴人。光绪年间举人。民国后任财政部佥事、会计司司长、财政善后委员会委员。工书，擅诗文，著有《安乐乡人诗》、《清代后妃列传》。

68. 近代　王禔　篆书扇面

纸本　纵 20.2、横 52.9 厘米

王禔（1878～1960），初名寿祺，字维季，号福厂，浙江杭州人。工书法，精篆刻，是西泠印社早期发起人之一。

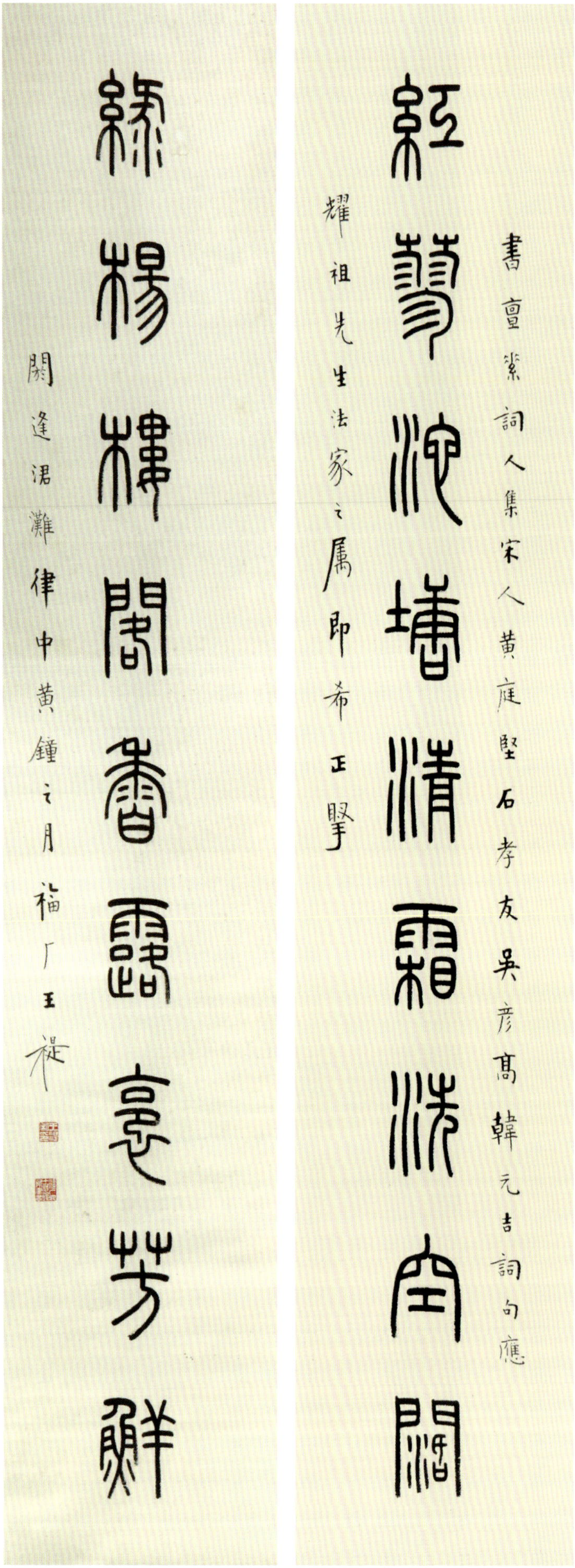

红藕波塘清霜港空阔

绿杨楼阁香露毫芳鲜

耀祖先生法家之属即希正腕

书宣紫词人集宋人黄庭坚石孝友吴彦高韩元吉词句應

闉逢淵灘律中黄鐘之月福厂王禔

69. 近代　王禔　九言篆书联

纸本　纵 132.5、横 25.5 厘米

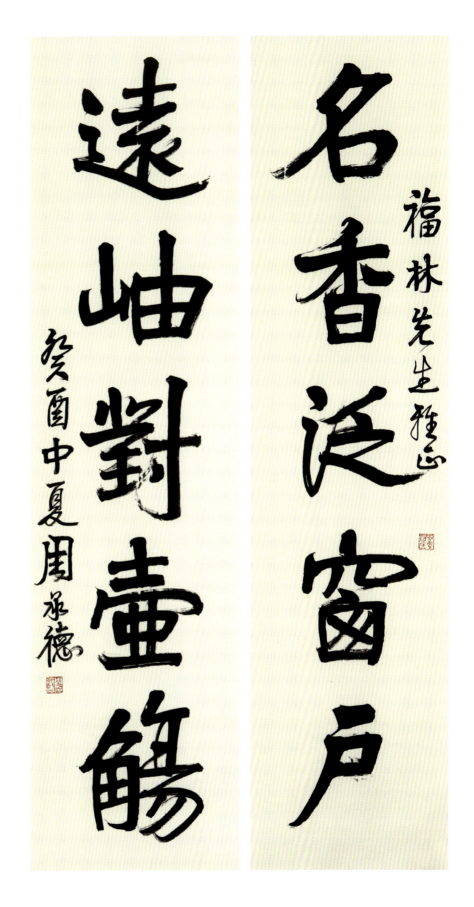

名香泛窗戶

遠岫對壺觴

福林先生雅正

癸酉中夏周承德

70. 近代　周承德　五言行书联

纸本　纵 130.6、横 33.6 厘米

周承德（1877～1935），字逸舜，亦作佚生、轶生、轶翁，号观天居士，海宁盐官人。自幼酷好书法。十六岁中秀才，廪生。为西泠印社创始人之一。

71. 近代 高邕 行书四条屏

纸本 纵 150、横 40.4 厘米

高邕（1850～1921），字邕之，号李盦，自署苦李，更号赤岸山民，仁和（今浙江杭州）人，寓上海。官江苏县丞。工书，好李（邕）法，能以草书作画，孤谐苦心。画宗八大（朱耷）、石涛（道济），山水花卉，神味冷隽，迥不犹人。兼擅篆刻。

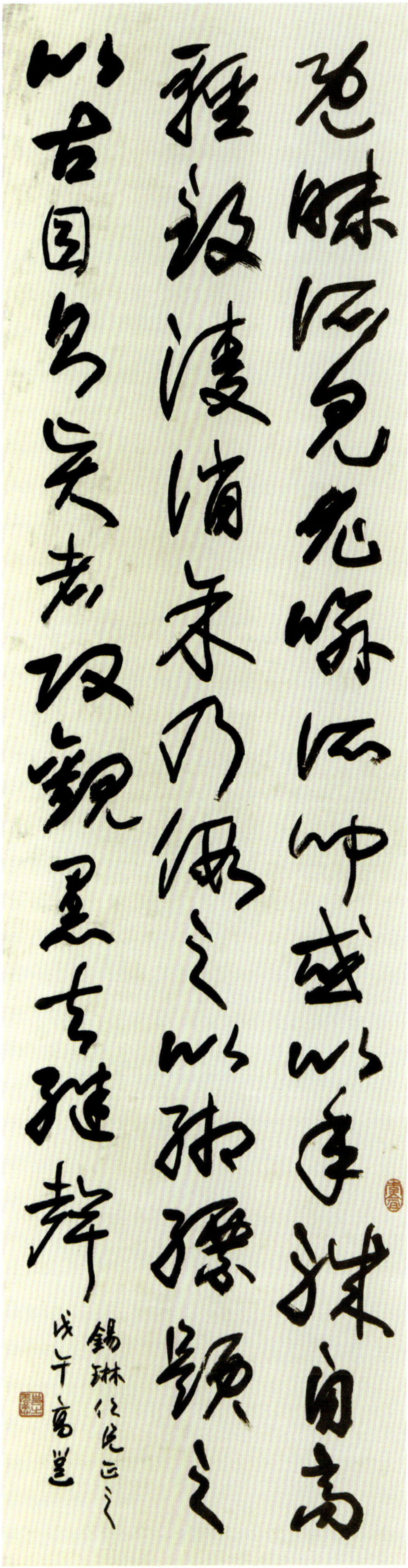

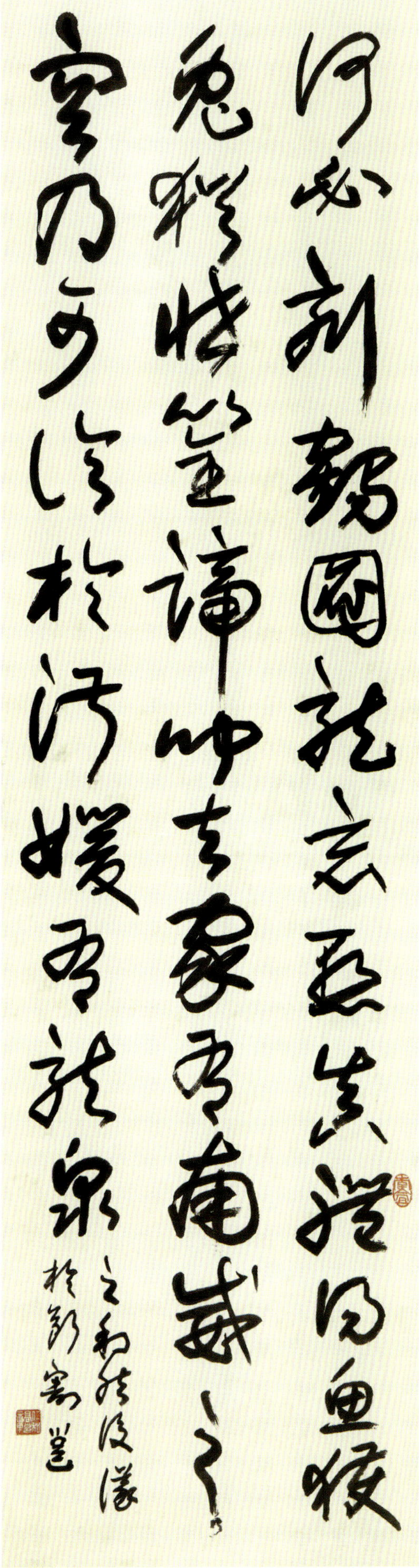

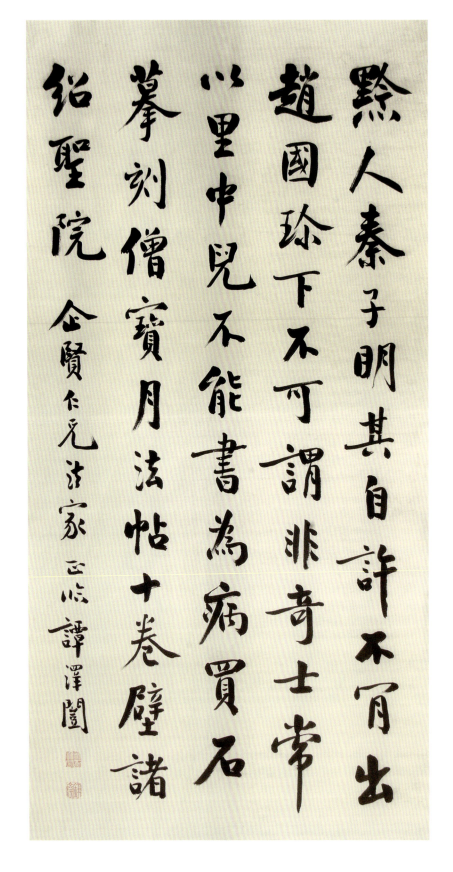

黔人秦子明其自許不肯出趙國珍下不可謂非奇士常以里中兒不能書為病買石摹刻僧寶月法帖十卷壁諸紹聖院

企賢仁兄法家正临 譚澤闓

72. 近代　谭泽闿　行书轴

纸本　纵 131、横 66 厘米

谭泽闿（1889～1947），字祖同，号瓶斋。湖南茶陵人。谭延闿之弟。工书法，善行楷，学翁同龢、何绍基、钱沣。气格雄伟壮健，力度刚强，擅榜书。取法颜真卿，兼工汉隶。又擅诗，能画。其书法与兄齐名。

沙路時時雨漁舟日往來村々皆畫本廬々居詩材炊黍孤烟晚呼牛一笛裏終身意不厭岸幘興悠哉

德琳先生正 于右任

放翁詩

73. 近代　于右任　行书轴

纸本　纵 172、横 46.8 厘米

于右任（1879～1964），原名伯循，别署骚心、髯翁，晚年自号太平老人，陕西三原人。清光绪二十九年（1903）举人。早年加入同盟会，追随孙中山先生。精书法，书法初学赵体，后潜心于北碑碑刻。擅草书，以碑入草，用心布白，于宽博潇洒之中别具神韵，造诣甚深。

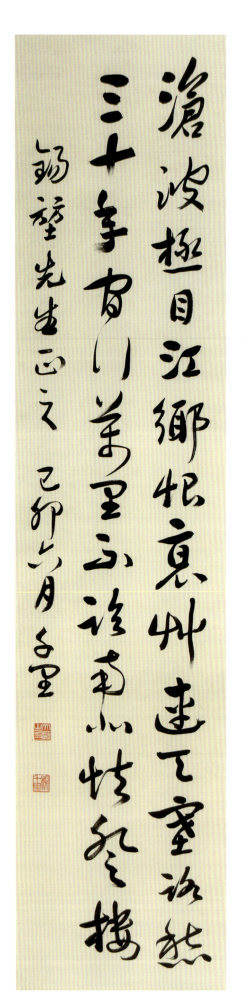

74. 近代　杨千里　草书轴

纸本　纵 130、横 30 厘米

杨千里（1880~？），名天骥，吴县（今江苏苏州）人。光绪二十八年
（1902）优贡，曾任无锡、吴江县县令。家学渊源，精习楷法，追长，
于秦篆汉隶、章草、魏晋诸家，无不窥其堂奥。兼工治印。

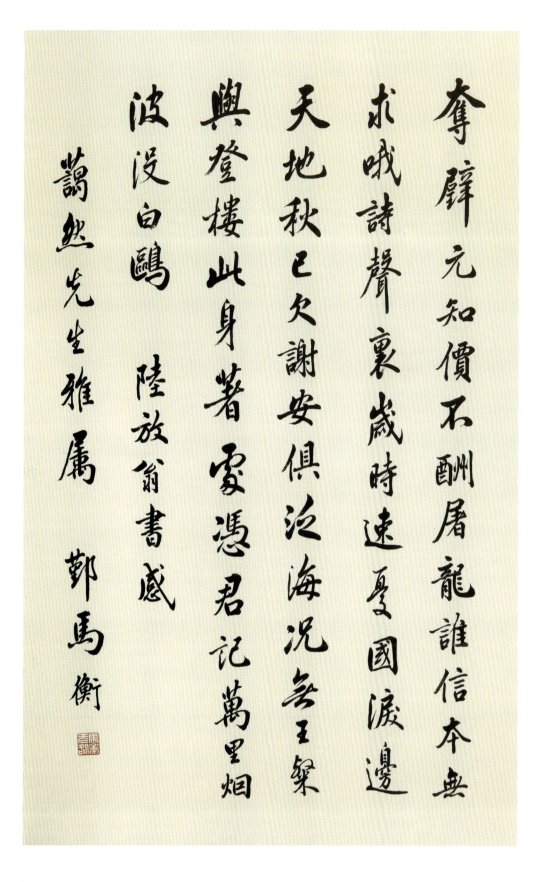

奪得元知價不酬屠龍誰信本無

求哦詩聲裹歲時遶邊國遶邊

天地秋巳欠謝安俱泛海況無王粲

興登樓此身著霧憑君記萬里烟

波沒白鷗　陸放翁書感

藹然先生雅屬　鄞馬衡

75. 近代　马衡　行楷轴

纸本　纵 69、横 40.2 厘米

马衡（1881～1955），字叔平，别署无咎、凡将斋，浙江鄞县人。金石考古学家、书法篆刻家，西泠印社第二任社长。精于汉魏石经，注重文献研究与实地考察。曾任北京大学研究所国学门考古学研究室主任、故宫博物院院长。

永和六年六月朔佛弟子元里人盧祖兄兄弟六人敬造壽佛玉像与世同福

镜心仁兄法家正之

髯衍曾熙

76. 近代 曾熙 行书轴

纸本 纵 150.5、横 41 厘米

曾熙（1861～1930），字季子、子缉，号俟园，晚号农髯，湖南衡阳人。清光绪二十九年（1903）进士。近代杰出的书法绘画大师和著名的教育家。工诗文，擅书画。书法自称南宗，与李瑞清的北宗颉颃，世有"北李南曾"之说。

77. 近代 童大年 八言篆书联

纸本 纵 135、横 33.2 厘米

童大年（1874～1955），原名暠，字醒盦，又字心安，一作心盦，号性涵、松君五子，又号金鳌十二峰松下第五童子，上海崇明人。篆刻家，幼时学印，师从赵穆。精研六书，尤善篆隶。流寓杭州，后居上海。西泠印社元老。平生刻印极多，出版有《依古庐篆痕》、《童子雕篆》等。

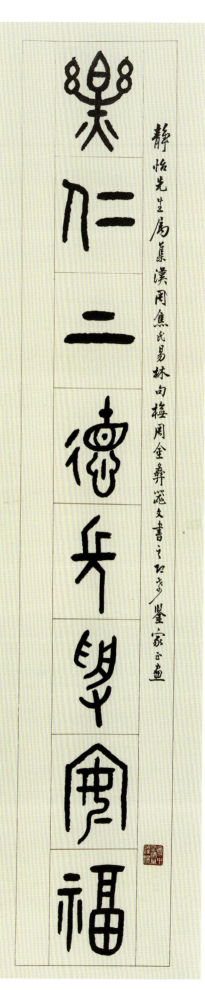

静怡先生屬集漢周焦氏易林句梅周金彝器文書之以乞鑒家正之

樂仁二德乒學貢福

森立癸未大雪節前三日心龐童辛上十文一蒙書海上綠雲盦

往事已如遼海鶴

鏡心仁兄正

閑居猶作葛天民

八十七叟吳郁生

78. 近代 吴郁生 七言行书联

纸本 纵 143、横 37 厘米

吴郁生（1854～1940），字蔚若，又号钝斋，吴县（今江苏苏州）人。清代进士，光绪三年（1877）授翰林，曾任内阁学士、礼部尚书、四川督学、邮传部尚书、军机大臣。擅诗文、工书法，为清末民初时著名书法家。

79. 近代　吴昌硕　七言石鼓联

纸本　纵 125、横 32.5 厘米

吴昌硕（1844～1927），原名俊，字昌硕，七十岁后以字行，别号缶庐、苦铁，浙江安吉人。吴派篆刻的创始人，书法、绘画、篆刻、诗词无一不精，绘画以篆书笔法入画，线条凝练遒劲，气度恢宏古朴，浑厚苍莽。书法着力于《石鼓文》，深研数十年。他写的石鼓文自出新意，用笔结体一变前人成法，力透纸背，独具风骨。

每逢佳士喜同遊

爾来古意誰復嗣

穰孫仁兄雅鑒

庚午四月陳寶琛集坡谷句

80. 近代　陈宝琛　七言行书联

纸本　纵 101、横 20.5 厘米

陈宝琛（1848～1935），字伯潜，号陶庵，闽县（今福建福州市）人。同治七年（1868）进士，内阁学士兼礼部侍郎。为溥仪之师，热心教育事业。

81. 近代 沈曾植 七言行书联

纸本 纵 150、横 38.7 厘米

沈曾植（1850～1922），字子培，号巽斋，一号乙盦，晚号寐叟，别署乙公，浙江嘉兴人。光绪六年（1880）进士，官安徽布政使。学识渊博，精研西北史地。书法融合汉隶、北碑、章草为一炉，自成面目。谈中国五十年来书法者，巍然为一代宗师。间作山水小幅，淡雅有韵致，惟不多作。

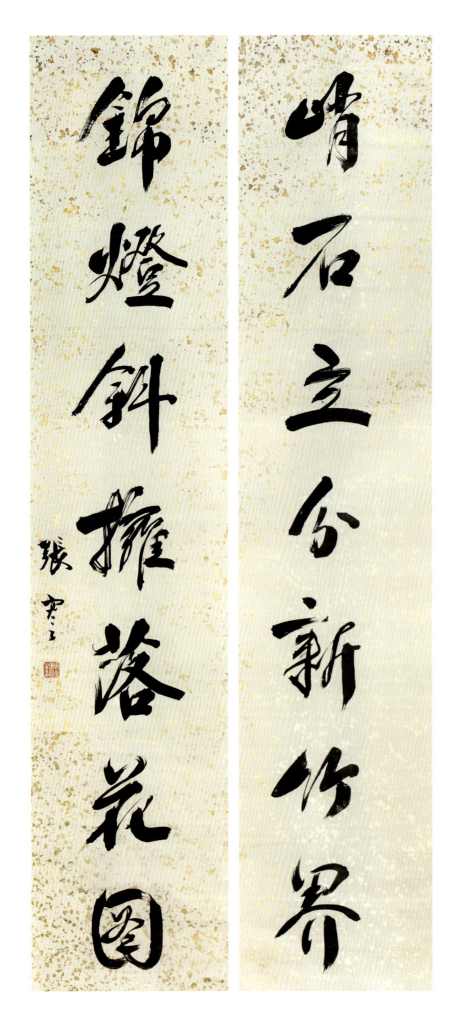

82. 近代　张謇　七言行书联

纸本　纵 168、横 36.5 厘米

张謇（1853～1926），字季直，号啬庵，江苏南通人。清光绪二十年（1894）状元。辞官后办理文教实业，余暇雅好临池，书法挺秀。

回峰重嶂鬱参差，天外高人世莫去，谁向空山弄明月，山中木客解吟诗

苏诗

辛酉丑初白龙之

83. 近代　王震　临苏东坡诗行书轴

纸本　纵 130、横 32 厘米

王震（1867～1938），字一亭，号白龙山人，吴兴（今浙江湖州）人，生于上海。早年学习任伯年画法，中年后拜吴昌硕为师，曾参与发起豫园书画善会。好佛，曾任中国佛教教会会长。著有《白龙山人诗稿》等。

還將槲葉補秋雲

沈盦寶熙

驤孫先生雅屬

獨上蓮花攬明月

84. 近代　宝熙　七言行书联

纸本　纵 103.2、横 21.8 厘米

宝熙（1871～1930），字瑞臣，号沈盦，满洲正蓝旗人，清宗室，河北宛平（今北京）人。光绪十八年（1892）进士，书法端庄肃穆，能诗。

欲語翁冰烏石篆

澄峯先生雅鑒

踏遍仙人碧玉臺

彭城張伯英

85. 近代　张伯英　七言行书联

纸本　纵 129.5、横 31.5 厘米

张伯英（1871～1949），字勺圃，一字少溥，谱名启让，别署云龙山民、榆庄老农，晚号东涯老人、老勺、勺叟，徐州铜山榆庄人。光绪年间举人。书法工行楷，自成一家。精于金石书画鉴赏，著有《法书提要》十卷。

機雲才學有天趣

王謝風流本性成

釋英先生屬

希遠溥侗

86. 近代　溥侗　七言行书联

纸本　纵129、横20.5厘米

爱新觉罗·溥侗（1877～1950），字后斋，号西园，别署红豆馆主。父载治，乃乾隆十一子成亲王永瑆之曾孙。溥侗自幼钻研琴棋书画，收藏金石碑帖，精于治印，酷爱剧艺。

87. 近代 赵叔孺 七言行书联

纸本 纵 134.2、横 21.5 厘米

赵叔孺（1874～1945），原名润祥，字献忱、叔孺，后易名时棡，号纫苌，晚号二弩老人，鄞县（今浙江宁波）人。名其室曰双弩机。精金石、书画，尤好画马，晚工花卉、翎毛、草虫。刻印宗秦汉，参于宋元，而自成一家。有《二弩精舍印谱》等。

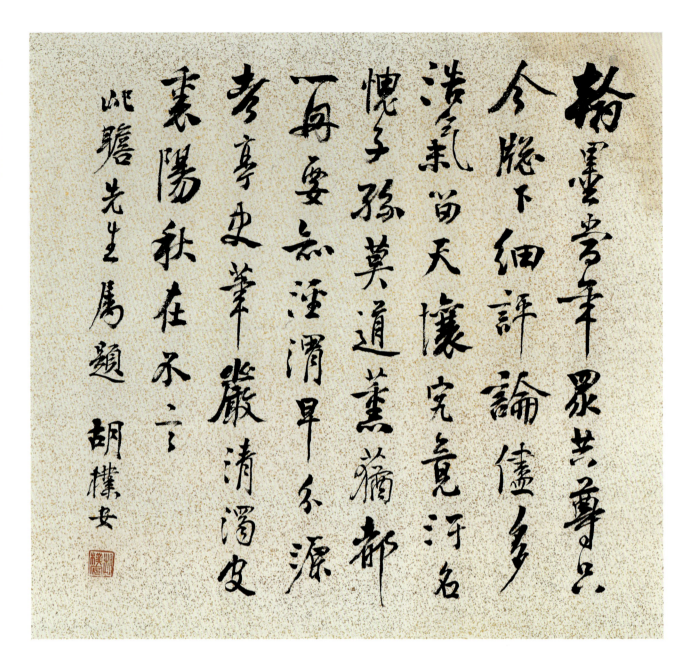

翰墨當年眾共尊

今滕下細評論儘多

浩氣未�50天懷究竟汗名

愧予孫莫道薰獮都

一每要無涇渭早分源

考亭史筆嚴清溜皮

襄陽秋在不二

此贐先生屬題

胡樸安

88. 近代　胡朴安　行书横披

纸本　纵 28.2、横 48 厘米

胡朴安（1878～1947），原名韫玉，字仲明，号朴安，安徽泾县人。辛亥革命前入同盟会，主笔《国粹学报》等。从事汉语文学和训诂教学和研究工作几十年，曾先后任教于上海大学、持志大学等。

89. 近代　谭延闿　七言行书联

纸本　纵 131、横 33 厘米

谭延闿（1880～1930），字祖安、祖庵，号无畏、切斋，湖南茶陵人。光绪三十年（1904）进士，授翰林院编修。字如其人，有种大权在握的气象，结体宽博，顾盼自雄。是清代钱沣之后又一个写颜体的大家，被誉"民国至今，学颜者无出其右"。

客幀雅游皆置榻

令堂清坐亦鳴弦

頌魯先生雅正

祖安譚延闓

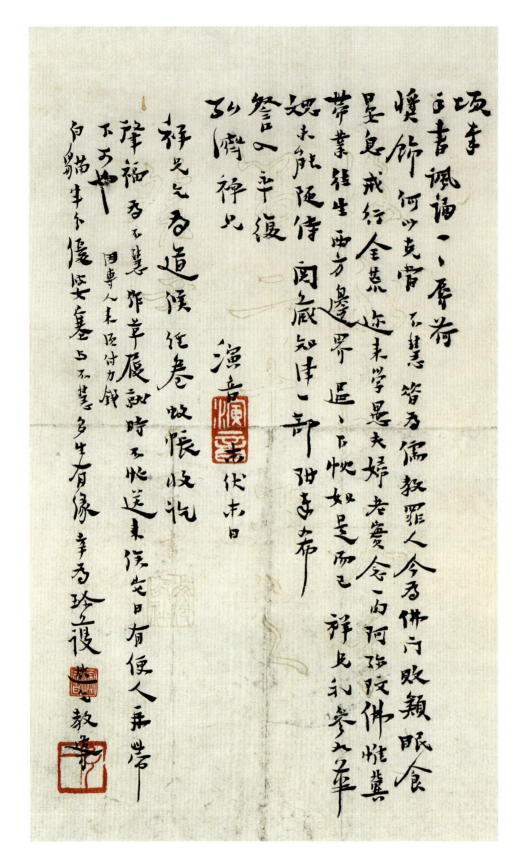

90. 近代 弘一 书札

纸本 纵 24、横 14 厘米

弘一（1880～1942），即李叔同，谱名文涛，幼名成蹊，学名广侯，字息霜，别号漱筒，出家后法名演音，号弘一，晚号晚晴老人，浙江平湖人，生于天津。既是才气横溢的艺术教育家，也是一代高僧。

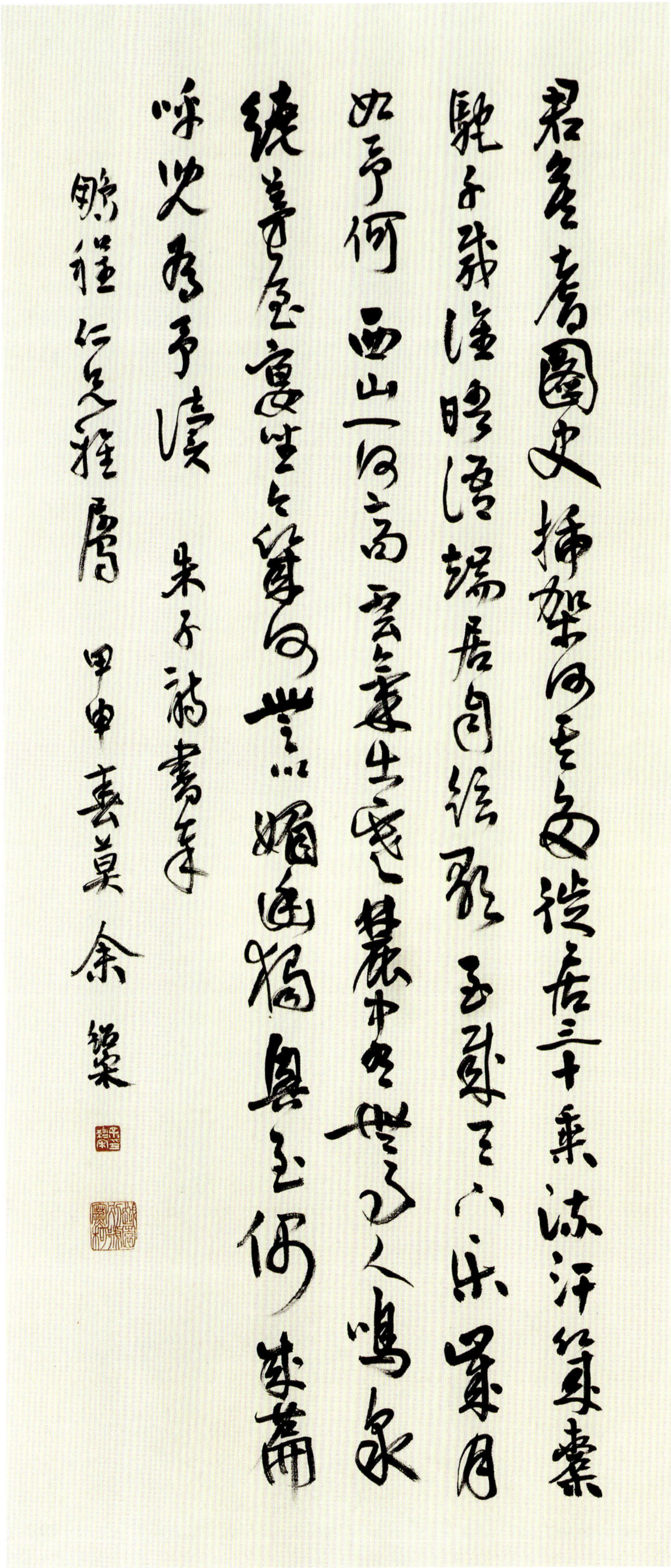

91. 近代　余绍宋　朱子诗行书轴

纸本　纵 97.5、横 39 厘米

余绍宋（1883～1949），字越圆、樾圆，别署寒柯，浙江龙游人。擅写木、石、松竹，间作山水，喜用焦墨，纷而不乱，气韵盎然。书宗章草。自称字第一，竹次之。能诗，精鉴赏。曾从政，也是方志大家，多著作。

92. 近代　沈定一　草书轴

纸本　纵 143.5、横 39.5 厘米

沈定一（1883～1928），本名宗传，字叔言，又字剑侯，号玄庐，浙江萧山衙前人。衙前农民运动领导人之一。

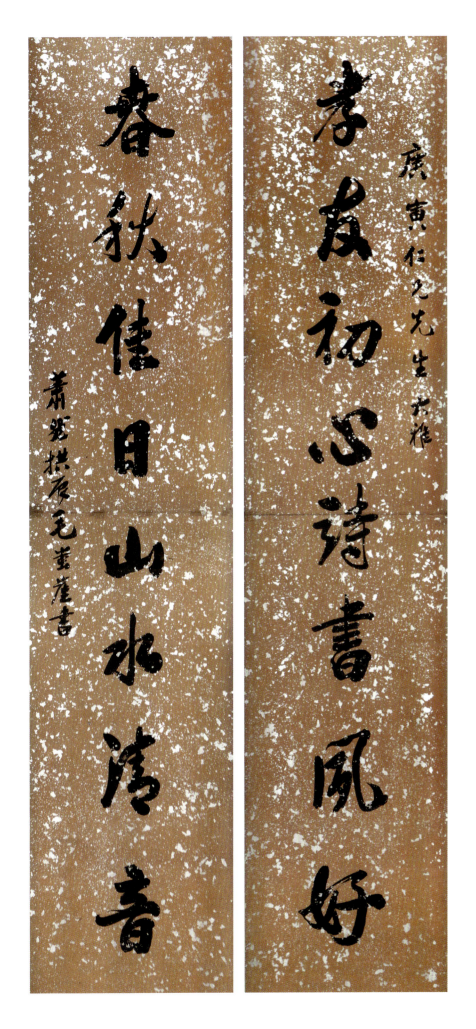

93. 近代 毛拱辰 八言行书联

纸本 纵 147.7、横 33 厘米

杭州市萧山区第二高级中学藏

毛拱辰，生平待考。

94. 现代 马一浮 草书扇面

纸本 纵 17、横 52 厘米

马一浮（1883 ~ 1967），名浮，字一浮，会稽（今浙江绍兴）人。中国国学大师，诗人和书法家，一生著述宏富，是引进马克思《资本论》的中华第一人，有"儒释哲一代宗师"之称，周恩来总理曾称他是"中国当代理学大师"。

95. 现代 胡士莹 行书扇面

纸本 纵 18.6、横 50 厘米

胡士莹（1901 ~ 1979），字宛春，浙江平湖人。室名霜红簃。现代著名学者、书法家，长期从事中国古代文学教学。曾任之江大学文学院教授，新中国成立后历任浙江师范学院、杭州大学教授，1961 年兼任中国科学院浙江分院语言文学研究室（后属杭大）研究员，担任研究生导师。

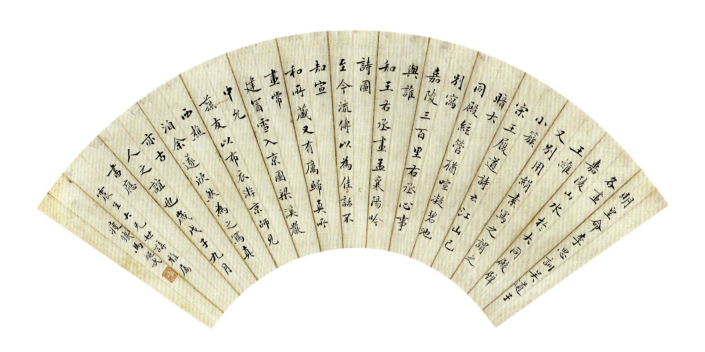

96. 现代 马绳武 行书扇面

纸本 纵 17、横 51.4 厘米

马绳武（1906～1961），又名马光祖、马声舞，山东平原县人。

青溪千余仞中有一道士云
生梁栋间风出窗户里
借问此何谁云是鬼谷子
翘迹企颍阳临河思洗
耳阊阖西南来潜波涣鳞
起灵妃顾我笑粲然启
玉齿蹇修时不存要之
将谁使翡翠戏兰苕

京华游侠窟山林隐遯
楼朱门何足荣未若托
蓬莱临源挹清波陵冈
掇丹荑灵溪可潜盘
安事登云梯漆园有傲
吏莱氏有逸妻进则保
龙见退为触藩羝高蹈
风尘外长揖谢夷齐

容色更相鲜绿萝结高林
蒙笼盖一山中有冥寂士
静啸抚清弦放情凌霄
外嚼蕊挹飞泉赤松临
上游驾鸿乘紫烟左挹浮
丘袖右拍洪崖肩借问蜉
蝣辈宁知龟鹤年
翱翔循环月盈已复魄

薄收清西陆朱羲戴曜
窜扑陵苕女萝发翠
荣荣不终朝蟪蛄鸣
夕圆丘有奇草钟山出
灵液王孙列八珍安期炼
五石长揖当涂人去来山
林寄郭景纯游仙诗
聘三先生雅正 尹默

97. 现代　沈尹默　行书斗方

纸本　纵 30、横 39 厘米

沈尹默（1883～1971），原名尹默，字中，号秋明，别号鬼谷子，浙江湖州人。著名的学者，诗人，书法家，教育家。曾任河北教育厅厅长、北平大学校长等职，新中国成立后曾任中央文史馆副馆长，历届上海市委委员、全国人大代表和政协委员，创建了第一个书法组织——上海市中国书法篆刻研究会。

98. 现代　马公愚　篆书轴

纸本　纵 42.8、横 22.2 厘米

马公愚（1890～1969），原名范，字公禹，后改名公愚，晚号冷翁，浙江温州人。现代书法家，中国美协上海分会会员，西泠印社社员。工字兼篆刻。

后记

　　通过第一次全国可移动文物普查，萧山区共发现收藏有可移动文物的国有单位 9 家，登录文物 4282 件（套），其中书画数量最多，占 1/3 以上。本书是在此次书画普查数据资料的基础上对书法作品进行甄选编辑而成，是对普查工作的一个小结，也是对普查成果的进一步巩固。书中未注明收藏单位的藏品均为萧山博物馆收藏，特此说明。

　　本书的完成是全区文物普查工作者共同努力的成果，在此对他们的辛勤劳动表示衷心感谢。同时感谢杭州市萧山区博物馆、中共杭州市萧山区委党史研究室、杭州市萧山区衙前镇人民政府、杭州市萧山区义桥镇人民政府、杭州市萧山区临浦镇人民政府、杭州市萧山区第二高级中学、萧山区湘湖初级中学、杭州市萧山区革命烈士陵园管理所、浙江湘湖旅游度假区经营管理有限公司等 9 家国有收藏单位的大力支持和协助。

　　由于编者学识水平有限，书中难免有疏漏谬误之处，敬请广大读者批评指正。